☑ **セルフチェックで身につく**

ケアマネ実務
120のポイント

監修 **一般社団法人兵庫県介護支援専門員協会**

編著 **中野穣・鶴本和香**

中央法規

監修にあたって

「2025年は目の前に、さらに2040年に向けて介護支援専門員ができること」

日本に起きている少子高齢化に伴う社会問題は、世界的に全く経験のないものであり、モデルがなく、今この国を生きる私たち自らの手によって、新たな解決策を創造していくことが求められています。

さらにこの先2040年に向け、後期高齢者、そして要介護認定者が急増し、多死社会を迎え、社会保障費も増大していきます。また、生産年齢人口の減少は、介護現場にも多大な影響を及ぼし、介護職員の高齢化と介護人材不足は深刻になり、介護を受けたくても受けることができない人が増加すると予測されます。このことを一番身近に感じている専門職が、私たち介護支援専門員ではないでしょうか。

2040年に向けた日本の社会は、高齢者の健康寿命を延ばし、健康な高齢者が社会の支え手側としての役割を担っていく必要があると考えます。そのためには、高齢者が居場所と役割をもち、介護予防（要介護状態の悪化防止も含む）が実践できる風土を地域で創っていくことが大切です。

そのようななか、これからの介護支援専門員に求められている役割には、次の2つがあると考えます。
○利用者が、今までの居場所と役割をできるだけ維持し、社会とのつながりのなかで生活できる支援
○激減する医療・介護人材のなかで、激増する在宅看取りや複雑かつ多重課題を抱えるケースへの支援

そして、この役割を果たしていくためには、利用者一人ひとりに向き合い、利用者の自立支援を実現していくこと、そのためには介護支援専門員一人ひとりの専門性と実践力の向上が欠かせないことは言うまでもありません。

本書は、利用者のアセスメントを深め、基本的なニーズをしっかりと押さえる実務の方法や、そこから応用できる実践力を自ら向上させるための内容が盛り込まれています。

　これまでに誰も経験したことがない超高齢社会のなかで、利用者一人ひとりに寄り添いながら社会を支えている介護支援専門員のために、本書がその専門性と実践力の向上の一助となれば幸いです。

　令和5年6月

一般社団法人兵庫県介護支援専門員協会

会長　山内　知樹

はじめに

　介護支援専門員（ケアマネジャー）は、介護保険制度のもとにケアマネジメントを活用しながら、利用者の「尊厳の保持」と「有する能力に応じた自立（支援）」を目的[※1]として継続的に支援を行っていくのが仕事です。

　利用者の望む暮らしを支え、最後まで主体的に生活が送れるように寄り添う、そんな意義のある仕事に、多くのケアマネジャーが日々邁進していることでしょう。

　しかし、実際、ケアマネジャーにケアマネジメント実践について尋ねると、「信頼関係づくりが難しい」「ニーズをちゃんと拾えているのか不安」「同じようなケアプランになってしまう」「家族の要望に引っ張られてしまう」「サービス担当者会議に時間がかかってしまう」「モニタリングのポイントがわからない」といったさまざまな悩みが聞こえてきます。ケアマネジメント実践は、口で言うほど簡単ではありません。

　そこで、本書は、このような実践現場でよく聞かれる悩みを、ケアマネジメントのプロセス（インテーク、アセスメント、ケアプラン、サービス担当者会議、モニタリング、終結）に沿って、さまざまな実践理論を土台に、重要な知識や技術を、合計120のチェックポイントとして整理し、解説しています（第1章〜第6章）。

　加えて、知識と実践のつながりがより深まるように、一つの事例を通して、面接場面を逐語で表現したり、インテークの受付表、アセスメントシート、ケアプラン、サービス担当者会議録、モニタリング記録といったように、実践で使用されているシートなどで示しながら、体験的に紐解く流れになっています。各チェックポイントは、わかりやすい解説とともに、ほかの文献からの引用やオリジナルのチャート図でさらに理解しやすいように工夫しています。この120のチェックポイントを押さえることで、前述の悩みの解消へとつながり、自信をもって日々の実践に取り組むことができるでしょう。

　また、第7章では、「実践への活かし方」として、120のチェックポイントの活用の仕方を解説し、セルフチェックシートを掲載していますので、すぐに活用するこ

とができます。

　さらに、本書には以下の5つの特徴があります。
1　「アセスメントの7つの領域」を提案し、**利用者ニーズ**が漏れなく導き出せる。
2　ケアマネジャーが苦手とする疾患等の**医療ニーズ**の導き出し方と具体的な管理方法がわかる。
3　**ケアプラン点検**にも対応している。
4　ケアプランの**標準様式改正**^{※2}に対応している。
5　運営基準^{※3}に沿った**法令遵守のポイント**を明記している。

　本書は、120のチェックポイントでケアマネジメントの基本の"キ"をしっかりと押さえることで、多様な利用者ニーズを漏れなく導き出し、そのニーズに対する適切な目標設定および目標達成のための支援の組み立て、その管理ができることを目的としています。そのうえで、この5つの特徴（視点）を踏まえることで、より応用的なケアマネジメント実践ができるようになります。

　したがって、本書は、新人ケアマネジャーの基礎的ケアマネジメントの学びに活用できるだけでなく、主任ケアマネジャーに求められるスーパービジョンのベースとなる知識・技術の再確認としても応用できるでしょう。

　悩める新人や中堅ケアマネジャーのために、できるだけわかりやすく編集した書籍ですが、多くのケアマネジャーの基礎的参考書として活用してもらえれば幸いです。

　令和5年6月
　　　　　　　一般社団法人兵庫県介護支援専門員協会　ケアマネジメント力向上委員会
　　　　　　　　　　　　　　　　　　　　　　　　　　　　　委員長　中野　穣

※1　介護保険法第 1 条

※2　「『介護サービス計画書の様式及び課題分析標準項目の提示について』の一部改正について」（令和 3 年 3 月 31 日老認発 0331 第 6 号）

※3　「指定居宅介護支援等の事業の人員及び運営に関する基準」（平成 11 年厚生省令第 38 号）

『セルフチェックで身につく ケアマネ実務120のポイント』

目次

監修にあたって
はじめに

第1章

インテーク

インテークは、利用者とケアマネジャーの
出会いの場であるとともに、スクリーニングの
場でもあります。ここでは、緊急度をベースに、
利用者の抱える問題が、支援者が所属する
機関の機能で対応可能であるか否かを
判断することの重要性と、信頼関係構築の
ために求められる基本姿勢を学びます。

1 相談者へのサポート

Point 1 スクリーニング機能を意識する
Point 2 相談者の不安と緊張を解消する
Point 3 ありのままを受け入れる姿勢を貫く
Point 4 相談者の思いを引き出す

インテークは、ケアマネジメントプロセスの入り口です。**相談者の相談内容が、自身の所属する機関機能で対応するのが適切かどうかをスクリーニング（選別・ふるい分け）するのがインテーク**です。介護保険制度下のケアマネジメントにおいては、地域包括支援センターや病院の医療ソーシャルワーカー（MSW）、退院支援看護師等がスクリーニングした結果、居宅介護支援事業所で対応することが適切であると判断した結果として担当依頼が来ることが一般的なので、インテークの意識は希薄なことが多いのではないでしょうか。しかし、インテークはとても大切な意味をもちます。ここではインテーク時のサポートについて考えてみましょう。

Point 1 スクリーニング機能を意識する

インテークは、相談者自身、もしくは相談者に関係する人々と初めて出会う場面のため、「初回相談・面接」ともいわれます。相談者は、相談者自身や家族（配偶者や子どもなど）のほかにも地域の住民や民生委員であったりと、さまざまです。しかし、立ち位置は異なっても、**相談者は皆、何らかの困りごとを抱えています。**

相談に来た人が問題を抱えた当事者である場合は、加齢や病気などによる心身機能の悪化に伴って自立した日常生活を営むことが難しくなり、これからの暮らしに大きな不安を抱いていたりすることが推測されます。

家族が相談者である場合は、ほかの家族に起こった問題状況のために、家族自身が何らかの困りごとを抱えている場合もあります。

いずれにせよ、相談者はこれまでの平穏な生活が、何らかの日常生活上の問題に誘発された困りごとによって脅かされ、不安と困惑を抱えて相談にやってきます。

Point 2　相談者の不安と緊張を解消する

　人は誰でも、見知らぬ人への電話や初めての場所で初対面の人と会話をすることに大きなストレスを感じます。相談者は、自分では解決できない何らかの問題を抱え、不安な日々を過ごしているなかで、見知らぬ専門職であるあなたへの連絡、相談といった初めての経験に不安や緊張を感じています。

　また、電話の場合、聴覚情報のみで視覚情報は得られません。これは、あなただけでなく相談者も同じです。そのことを十分に認識し、**相談者にとって安心して語れるような配慮が必要**です。相談者の会話のスピードや声の変化などをしっかり聞き取り、相手の波長に合わせるような話し方を心がけましょう。

　来所による相談の場合、相談者を迎え入れるにあたり、まずは**安心して相談できる環境づくりが重要**となってきます。**相談室の環境で一番大切なのは、プライバシー（守秘義務）について配慮されていること**です。外部から姿が見えたり、会話が聞こえてしまうようでは安心して相談することはできません。また、さりげなく絵を飾ったり、観葉植物や花などを置いておくことで、**柔らかな雰囲気をつくる**ことも効果的です。また、私たち自身のことですが、**身だしなみを整えておくことも忘れてはいけ**ません。清潔感や落ち着いた服装が信頼を深めます。

　相談を受ける際に座る位置は、**相談者の斜めの位置が望ましい**でしょう。正面だと目線の逃げ場がなくなり、緊張が高まるからです。また、距離などについての配慮も大切です。

座る位置

第1章 インテーク

第2章 アセスメント

第3章 ケアプラン

第4章 サービス担当者会議

第5章 モニタリング

第6章 終結

第7章 実践への活かし方

Point 3　ありのままを受け入れる姿勢を貫く

　相談者の"語り"にじっくりと耳を傾けると、相談者と相談員が少しずつうち解け始め、相談者に安心感が芽生えてきます。そのプロセスにおいて、相談員として、要望に対する助言や支援策を述べたくなることもあるでしょう。しかし、そういった助言や支援策は時期尚早かもしれません。インテークは、初めての出会いです。利用者との信頼関係も十分ではありません。利用者の相談内容がどのようなものであっても、まずは**ありのままを受け入れる姿勢を貫き、耳を傾けましょう。**

column

なぜ緊張するのか

　研修会や会議で見知らぬ人と同席したとき、人はなぜ緊張するのでしょう。当然のことですが、相手のことを何も知らないからです。あなたは、きっと少しでも相手のことを知りたいと思い、さりげなく観察して、パッと見の情報から年齢や仕事を想像したり、沈黙に耐えられなくなって話しかけたりするかもしれません。しばらく会話をして、相手に自分と同じような価値観や境遇を見出すと、途端に相手に親しみを覚え、緊張が和らぐでしょう。相手のことを少しでも知り、自分との共通項を見つけると安心するのです。あなたのところに初めて来た相談者も、同じように不安な気持ちと緊張があることを覚えておきましょう。

Point 4　相談者の思いを引き出す

　私たちは、経験を積み重ねていくと、いつの間にか相談者の語りを十分に聴くことなく、専門職として確認しておきたいことばかりを聞いてしまう傾向があります。しかし、それでは相談者は「話を聴いてもらえた」という満足感を得られることはないでしょう。鬱積した不安や怒り、悲しみを抱えていると、他者の声は心に届きません。まずは**自分の"思い"を吐き出してもらうことが重要**です。はやる気持ちを抑えながら、**相談者の話にじっくりと耳を傾ける**必要があります。「あなたの話を聴かせ

てください」という私たちの態度が相談者の気持ちを解きほぐしていきます。

　相談者は初めて相談に来た不安に加え、介護に対する不安や悩み、家族の関係性などにも踏み込んだ話をどこまでするべきかといった戸惑いもあるでしょう。また、皆さんも経験があると思いますが、いろいろな問題が複雑に絡みあって、どうしたらよいのかわからない利用者ほど、話す内容が錯綜し、聞く側としては問題の本質どころか、話に出てくる人物の関係性や、起きた出来事の時間軸さえもよく見えなかったりすることがあります。利用者の話に耳を傾けながら、大きくうなずいたり、重要と思われる話の内容については繰り返し確認して相談者の不安や混乱を整理することで、利用者の態度も徐々に落ち着いてくるでしょう。このようなプロセスが、少しずつ利用者の"思い"を引き出していくことになります。

　こうした**心理的サポートは、相談者と相談員の信頼関係を強め、今後のケアマネジメントプロセスの展開を支える基盤となります。**もちろん、相談者の心理的サポートは初回面接のみで終了するものではなく、ケアマネジメントプロセス全体を通して常に意識していくものです。

第1章 インテーク

第2章 アセスメント

第3章 ケアプラン

第4章 サービス担当者会議

第5章 モニタリング

第6章 終結

第7章 実践への活かし方

耳を傾ける

2 インテーク面接の実際

Point 5　相談者がおかれている状況を正確に理解する
Point 6　相談者の困りごとを引き出す
Point 7　緊急度の評価を最優先する
Point 8　今後の方向性を相談者と相談員の双方が
　　　　　共通理解しておく

「1. 相談者へのサポート」（p.2）でも記述した心理的サポートを基本に、面接技法（共感、尊重、受容、保証など）を使いながら、実際に面接していくことになります。

Point 5　相談者がおかれている状況を正確に理解する

相談者を理解したいという相談員の思いは、面接でのやりとりを通じて、その思いが相談者に伝わることで初めて可能になります。相談者は会話のなかで、事実（実際にあったこと）、それに伴う感情（情緒）、類推（事実であるとは確かめられていないが、そうではないかと思うこと）といったことを表現していきます。相談員は質問を重ねるなかで、それらを明確に整理し、**相談者がおかれている状況を正確に理解することが求められます**。これが達成できれば、相談者は自分を理解してもらえたという安堵感をもつことができます。

インテーク場面の電話での会話例
相談員：はい、居宅介護支援事業所AのBでございます。
相談者：もしもし、Cと申します。母のことですが、介護保険を申請したいのですが、そちらで申請ができますか？

このような電話がかかってきたとき、あなたはどのような対応をするでしょうか？
理由も聞かずに「できるか、できないか」だけを返答して終了することは、相談員が

する対応ではないことはわかると思います。まず確認しなければならないのは、「なぜCさんが母親の介護保険の申請をしたいと思っているのか」、Cさんのおかれている状況を明確にするために「何を聞いていくか（例えば、Cさんの困りごと、母親の健康状態、日常の状態、困りごとの原因等）」を考えて、確認していく必要があります。

Point 6 | 相談者の困りごとを引き出す

Point 6 と Point 7 は合わせて解説しますので、Point 7 の解説で一体的に見るようにしてください。

Point 7 | 緊急度の評価を最優先する

「1．相談者へのサポート」でもふれましたが、インテーク場面ではスクリーニングといわれる機能が求められます。スクリーニングとは、相談内容が自分の機関で取り扱うことが適切であるのか否かを、面接の最初の段階で判断することです。そのためには、**必要最小限の情報収集に絞って相談者の問題の本質を理解していきます。**例えば、先ほどの事例で、Cさんの「母親の介護保険の申請をしたい」という主訴について、「なぜ申請をしたいのか」「何で困っているのか」「今まで、どうやってこの問題に対処してきたのか」などの情報収集をすることで、どのような状態にあり、どのように困っているのか、その要因などが見えてきます。

ただし、短時間のインテーク面接では、すべての情報を手に入れようとすることよりも、今後の支援の方向性を見定めるための情報を押さえることを目指します。**最も重要なのは「緊急度」の評価です。「緊急度」とは、命を守るための情報収集（疾患と受診の有無や治療等）です。**例えば、Cさんからの情報収集で「母親が徐々に歩けなくなり、寝たきりになった（状態）ため、寝起きが大変（困りごと）で、ベッドが必要だと思って介護保険の申請をしたい（手段）」という相談だったとしたら、状態（いつから、ほかの症状など）や受診の有無を確認した結果、例えば、医療にかかっていないとしたら、介護保険申請どころではなく、まずは医療機関への受診を勧めなければならないことになります。実際に自分の所属機関で担当することが妥当なのか、相談者の抱える困りごと、問題を正確に理解し対処方法を考えなければなりません。

第1章 インテーク

第2章 アセスメント

第3章 ケアプラン

第4章 サービス担当者会議

第5章 モニタリング

第6章 終結

第7章 実践への活かし方

column

医療面の情報収集は最優先

　ケアマネジャーは、利用者の"語り"に耳を傾けながら、**まずは命を守るための情報収集を行わなければなりません。**健康状態は、QOL（生活の質）に大きく影響します。利用者の"思い"を尊重するにしても、日常の活動やさまざまな役割を果たすにしても、健康状態を把握しておく必要があります。なぜなら、日常生活のさまざまな場面に、生命にかかわるような大きなリスクが隠されている可能性があるからです。

　インテーク場面において必ず情報収集しなくてはならないのが、「現病歴（既往歴）、症状、状態、受診の有無等」の医療情報です。時として、相談者や家族は「病気に関する知識」が欠如していたり、「病状の理解」に乏しいことがあります。そうした場合、介護保険サービスを利用するどころではなく、早急に治療しなければならないような状態もありえます。例えば、私たち**専門職に求められる倫理原則は、「生命の保護」「自己決定（主体性の尊重）」「公正・中立」「利用者利益の優先」「QOLの向上」「守秘義務」「積極的情報開示」**などであるといわれます。そのなかでも**最優先しなければならない倫理原則が「生命の保護」**です。専門職として利用者の命を守ること、そのために最短、最優先で医療情報が適切に収集できる知識と技術が求められます。

Point 8 ｜ 今後の方向性を相談者と相談員の双方が共通理解しておく

　インテーク終了時に、今後の支援の目安として、相談員の所属機関が相談者に対してどのようなプロセスで援助を行い、どのようなタイミングで相談者と接していくのかをまとめていきます。つまり、**今後の方向性を相談者と相談員の双方が共通理解しておくということです。**例えば、インテーク終了後、次のステップとして、アセスメント面接を自身の所属する事業所の相談室や相談者の自宅を訪問して行うのか、または相談者の目的が話を聞いてもらうことにあり、インテーク面接のみで終了なのか、あるいは相談者の置かれた状況に対し、より適切な機能をもった機関にバトンタッチ

するのかなどを相談員と相談者が共通理解しておくことが求められます。共通理解できていなければ、相談者は相談の結果が曖昧なため、不安が残ったり、また反対に相談したのだからすぐに解決してくれるだろうという安易な思い込みが生じる可能性もあります。このようなことにならないように、**これからの支援のプロセスがどのように進んでいくのかがイメージできるように、適切に伝える必要があります。**

column

今後の方向性を共通理解する（支援のプロセスがイメージできる）

　ある日、窓口に70代くらいの男性が相談に来られました。お話を聞かせていただくと、「ホームヘルパーに調理を手伝ってほしい」とのこと。なぜ手伝ってほしいのかお話を聞かせていただくと、妻が、「ここのところ頭がフワフワして気分がすぐれなくて横になることがあるので、そんな時だけでも調理の手伝いをしてもらいたい」との要望でした。

　妻の症状について詳しく聞かせてもらうと、緊急性は低いと判断できました。そのうえで受診について尋ねると、かかりつけ医はいるものの、妻は大きな病気もなく、ここのところ受診はしていないとのことだったので、「まずは受診して、奥さんがしんどくなる原因を突き止めましょう」と助言しました。受診は可能かどうか確認すると、明日タクシーで受診できるとのことでした。受診の結果を電話で聞かせてほしいと依頼し、その結果をもって今後について考えていきましょうと伝え、相談窓口のチラシと名刺を渡しました。

　このケースのように、いきなりサービスを導入したいという相談があることがありますが、サービスが必要となっている原因を追究しないと次の手立てを打つことができません。もし「体調の把握が優先なので受診してください」とだけ伝えたとしたら、相談者は次にどうすればよいのか、きっと混乱してしまうでしょう。相談者には、まずしなくてはならないことを伝え、そのうえで次のステップに進むことが大切です。その時には、どこに、どのように報告・相談すればよいのかを、順を追ってわかりやすく伝えておくことが求められます。

第1章 インテーク

第2章 アセスメント

第3章 ケアプラン

第4章 サービス担当者会議

第5章 モニタリング

第6章 終結

第7章 実践への活かし方

3 受付・初回面接相談場面

Point 9 　受付から初回面接までは迅速に対応する
Point10 　受付で得た情報を相談受付票などに整理する
Point11 　介護保険制度の概要、ケアマネジャーの
　　　　　役割の説明をする
Point12 　初回面接の主訴、困りごとの明確化から
　　　　　アセスメントをスタートする

　これまではインテークの基本について述べてきました。ここからは、受付とインテークの初回面接（スクリーニング）場面を実践的に考えていきます。本書では、第1章から第6章を通して、Aさんの事例をもとにケアマネジメントプロセスを展開していきます。

事例の概要（相談に至った経緯） 　　　　　　　　　　事例で学ぶ

Aさん（73歳・女性・要介護2）は、令和○年8月20日、居間で倒れました。外出から戻ってきた夫のBさんが呂律困難状態になっているAさんを発見し（約4時間放置状態）、すぐに救急車を要請。市立H病院に救急搬送にて入院。アテローム血栓性脳梗塞と診断され、治療を受けましたが、左半身の中度の運動麻痺等の後遺症が残り、9月5日にリハビリテーション目的のため、Iリハビリテーション病院（以下、I病院という）へ転院。約2か月間のリハビリテーションの後に退院予定となりました。介護保険の認定申請をし、要介護2の結果でした。

脳梗塞で倒れているAさんを、
帰宅したBさんが発見。

第1章 インテーク

第2章 アセスメント

第3章 ケアプラン

第4章 サービス担当者会議

第5章 モニタリング

第6章 終結

第7章 実践への活かし方

事例　居宅介護支援事業所へ担当依頼　　事例で学ぶ

令和○年10月15日にJ居宅介護支援事業所にI病院のMSWから電話がありました。相談内容は、「Aさんは73歳の女性で令和○年8月に脳梗塞を起こし、H病院へ入院後、9月5日にリハビリテーション目的でI病院（当院）に転院してきました。入院中、介護保険の認定申請をし、要介護2の結果が出ています。主治医より今後退院に向けて準備が整えばいつでも退院できるという話を本人と家族に説明済みで、承諾されています。退院後はリハビリテーションの継続を希望されています」というAさんの概要と担当の依頼でした。

●事例の時系列

日付	出来事	ケアマネジメントプロセス
8月20日	Aさん、H病院へ入院	ケアマネジメント開始前段階
9月1日	認定申請	
9月4日	最終診察日	
9月5日	Iリハビリテーション病院（以下、I病院という）へ転院	
9月10日	主治医意見書作成	
10月1日	要介護認定日（要介護2）	
10月15日	担当受付　I病院より電話	インテーク
10月17日	I病院で初回面接　居宅契約しアセスメント①	アセスメント
10月19日	退院前居宅訪問（同行）	
10月20日	I病院退院前カンファレンス　アセスメント②	
10月25日	ケアプラン原案作成　I病院を訪問し、Aさんに説明	ケアプラン
10月26日	住宅改修・福祉用具設置	
10月30日	退院　サービス担当者会議	サービス担当者会議
11月22日	モニタリング訪問	モニタリング

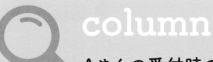

column

Aさんの受付時の情報収集の留意点

　このAさんの事例のスクリーニングに必要な情報について考えてみます。電話の内容だけでは詳細はわからないので、スクリーニングをするための情報を MSW から収集する必要があります。例えば、Aさんについて最小限必要な情報は「脳梗塞の後遺症について、心身機能の状態、ADL、現時点でのリハビリの評価」といったところです。

　以前、病院の MSW から、退院支援の場面で「リハビリが必要とのことです」「訪問看護を導入してほしいです」といった依頼がありました。依頼内容はサービス導入です。サービスが必要な問題状況（ニーズ）や状態像、その要因（病気や障害）を全部飛ばしての依頼でした。これでは、その人の担当ケアマネジャーになることの可否（所属事業所で対応可能なケースか否か）をスクリーニングすることができません。つまり、なぜそのサービスが必要なのかの根拠を確認することが重要なのです。

　Aさんの事例は病院の MSW からの依頼ですが、迅速に対応しなければならないことに変わりありません。利用者や家族は主治医から退院に向けての説明を受けたときから、退院後の在宅生活が不透明で想像できずに不安があることが多いからです。迅速なスクリーニングによって、早い段階で担当することが可能という判断ができれば、その分早く支援をスタートすることができ、利用者の不安を可能な限り早く解消できることにもつながるのです。

Point 9　受付から初回面接までは迅速に対応する

　スクリーニングの結果、居宅介護支援事業所で対応可能（な状態像）と判断したら、初回面接の日時を利用者や家族と決めていきます。どのような緊急性が隠されているかわからないため、**受付から初回面接までは迅速に対応できるように配慮**しましょう。可能な限り早めに調整することで、少しでも早く不安を解消してもらうことを目指します。

Point 10　受付で得た情報を相談受付票などに整理する

　受付で得た情報は相談受付票（p.14）などに記入して整理します。その後、インテーク時に不足している情報は何か、そのときに同席してもらう家族や協力者は誰かを整理します。整理することで、インテーク情報の聴取がしやすくなります。

Point 11　介護保険制度の概要、ケアマネジャーの役割の説明をする

　インテーク面接では、情報収集をする前にまず介護保険制度の説明とケアマネジャーの役割を説明します。利用者や家族からすると初めて耳にする言葉や制度ですから混乱することも多々あります。とりあえずは目の前にある不安を解消することを目的の中心に置き、できるだけ専門用語は使用しないように配慮し、相手が理解しやすい言葉を選んで説明する必要があります。利用者はもちろんのこと、家族も高齢者である場合が少なくありません。利用者の理解力によっては、必要最低限の説明に留め、追々かかわるなかで理解を深めてもらう工夫も必要となります。

　次に、ケアマネジャーの役割の説明です。ケアマネジャーは、**利用者や家族とともに考えながら生活を支えるための中心的役割（マネジメント）を果たすこと、利用者や家族の権利を擁護（アドボカシー）し、その代弁者になること、サービス事業者やさまざまな社会資源との橋渡し（リンケージ）の役割をすること**などをわかりやすく説明するとともに、所属機関で整えている契約書や重要事項説明書をもとに、介護保険制度でできること、できないこと（法令遵守）についてもきちんと説明を行います。今後の支援の枠組みや方向性が見えることで安心感にもつながるでしょう。その際、「わからないことがあれば何でも相談してください」といった表現は避けるようにします。「何でも対応してくれるのだ」といった解釈から、何でも屋さんと勘違い

第1章 インテーク

第2章 アセスメント

第3章 ケアプラン

第4章 サービス担当者会議

第5章 モニタリング

第6章 終結

第7章 実践への活かし方

図表 1 － 1　Aさんの相談受付票

相談受付票		
	受付職員名：	Y

相談状況		
受付時間	令和 ○ 年　10月　15日　14時 15分	
受付方法	⊂電話⊃ ・　来所　・　その他（　　　　　　　　）	
相談者	Ｉリハビリテーション病院　MSW　　　　　様	
利用者との関係		
紹介者（機関）	Ｉリハビリテーション病院　MSW	

利用者情報		
氏名	A　　　　　　　　　様	
生年月日	昭和○年 7 月 10 日	73 歳
住所	Ｚ市	
現在の所在地	（自宅 ⊂病院⊃ その他）	
（本人）電話番号	○○○－○○○○	
要介護認定	⊂申請済⊃　・　申請中　・　未申請	
要介護度	要介護 2	
主治医	Ｉ医師	
現病歴・既往歴	脳梗塞	
心身の状況	左半身麻痺	

家族情報		
氏名	B　　　　　　　　　様	
続柄	夫	
住所	Ｚ市	
電話番号	○○○－○○○○	
相談内容	退院支援	

⊂居宅介護支援依頼⊃ ・　情報提供　・　その他（　　　　　　　　　　）

令和○年 8 月に脳梗塞を起こしＨ病院へ入院後、9 月 5 日にリハビリ目的で当院に転院してきた。
入院中に介護申請し認知済み（要介護 2）。主治医より退院に向けて準備が整えばいつでも退院できる
という話を本人、家族に説明し了承済み。退院後もリハビリ継続を本人・家族も希望されている。

回答及び今後の予定	
今後の方針（内容）	⊂支援開始⊃ 連絡待ち・他機関紹介・相談のみ・その他（　　　）
Ｉリハビリテーション病院訪問調整	
担当ケアマネジャー：	J

されることもあります。「○○について、わからないことは相談してください」といったように、具体的にわかりやすく説明します。一度で理解できる人のほうが少ないという気持ちで、事あるごとに重ねて説明するといった工夫も必要になります。

| Point 12 | 初回面接の主訴、困りごとの明確化からアセスメントをスタートする |

受付の場面でMSWから主訴や困りごとを一定程度聴いていますが、初回訪問ではいよいよ利用者や家族からさまざまな情報を聴いていくことになります。この場面からアセスメント面接へと移行していきます。

事例　インテーク面接　　　　　　　　　　　　　　　事例で学ぶ
　　～アセスメントへつなぐための初回面接

MSWと初回面接の日程調整後、10月17日に病院を訪問しました。まずは担当看護師から簡単な情報収集をしました。

Aさん　73歳　女性

令和○年8月20日、自宅で脳梗塞症状が出現。救急車にて市立H病院へ搬送入院。アテローム血栓性脳梗塞と診断されました。治療後、左半身の中度の運動麻痺などの後遺症が残り、リハビリテーション目的のため9月5日に当院（I病院）に転院となり、現在、中等度の左片麻痺・左半側空間無視、左半側身体失認があるが、そろそろ2か月になるため退院予定となりました。この間、介護保険は要介護2の認定を受けており、自宅の環境が整えばいつでも退院可能とのこと。ただし、課題として、血圧が時々170mmHg前後になることや、自宅内での生活リハビリテーションが必要であるため、看護やリハビリテーションといったサービスの継続が必要でした。なお、本人、家族にも退院に向けての病状説明はすんでいます。

また本人、家族とも自宅での生活に不安があり、そういった面からもサービスについては希望していました。上記の情報収集後、Aさんと初回面接となりました。自分の自己紹介を行い、同時にケアマネジャーとなることの同意を得て、介護保険制度の概要、ケアマネジャーの役割等を説明し、契約を交わしました（Point11）。その後、本人から病状、主訴、困りごとなどを聴きながら、アセスメント面接に移行していきました。

第1章 インテーク
第2章 アセスメント
第3章 ケアプラン
第4章 サービス担当者会議
第5章 モニタリング
第6章 終結
第7章 実践への活かし方

column

信頼関係（ラポール）構築の場として意識する

　受付およびインテーク面接は、ケアマネジャーと利用者・家族との初めての出会いの場であり、そのときの印象や体験は後のケアマネジメントプロセスに大きな影響を与えることになります。そのために、まず信頼関係を構築することが一つの重要なテーマです。

　ケアマネジャーは、利用者・家族等からケアマネジメントプロセスを通して常に情報収集することになります。つまり利用者は、ケアマネジャーに対して個人情報を継続的に開示することになります。個人情報のやり取りにおいて重要なのは、専門職である前に「人として信頼できる」と認識してもらえることです。人は、本当に悩んでいることは、誠実に聴いてくれる、誰にも内容を漏らさないと信じることのできる人、つまり信頼のおける人にしか相談しません。きっとあなたもそうだと思います。信頼関係なくしては、必要な情報収集ができなくなり、ひいては適切な支援ができなくなる可能性があるのです。

第2章

アセスメント

アセスメントを実施するうえでの基本姿勢を
学ぶとともに、アセスメントの7つの対象領域に
おいて情報を漏れなく収集できること、
その情報を基にしてニーズを導き出し、利用者、
家族にもわかりやすい目標と手立ての設定ができる
アセスメントの一連のプロセスを学びます。

4 ケアマネジャーとしての必要な価値

　アセスメントは「課題分析」とも呼ばれ、ニーズを導き出し、一人ひとりの利用者に応じた最適な支援方法を考えるために行われます。そのためには、利用者の健康（疾患）、心身にかかわる情報とともに、取り巻く環境面も含めた広範囲な情報の収集が必要となります。

　アセスメントは通常、利用者や家族への面接を通して、「情報の収集と整理」「情報の分析統合〜ニーズの "見える化"」「目標を設定し手立てを考える」の3つのステップで構成されます。

　面接では、一方的に利用者に対して情報を聞いていくのではなく、利用者のペースに合わせ、主観的な情報、客観的な情報を聞き取り、導き出された生活の全容を利用者自身と共有しながら、共同的に問題の整理を行っていきます。そのステップのなかで、利用者が自身の問題を理解し、今後どのようにしていけばよいかを考えること、すなわち**課題の整理作業が行えれば、アセスメント面接自体が援助の一環**となります。そのためには、アセスメントの情報収集の枠組みはもちろん、ケアマネジャーとしての必要な価値・倫理とともに、アセスメント面接を実施していくうえで必要な知識・技術を身につけておくことが重要です。

Point 13　利用者の利益を優先する

　ケアマネジャーが大切にしなければならない倫理として、**「利用者利益の優先」** が挙げられます。ケアマネジメントは利用者の自立（自律）の支援や生活の質（QOL）の向上を目指して行われます。**アセスメントも利用者の利益が優先されるという倫理を根底に面接を進めていく必要があります。**

● **4．ケアマネジャーとしての必要な価値**

第**1**章 インテーク

第**2**章 アセスメント

第**3**章 ケアプラン

第**4**章 サービス担当者会議

第**5**章 モニタリング

第**6**章 終結

第**7**章 実践への活かし方

「利用者利益の優先」以外にも、ケアマネジャーが業務を行うにあたり大切にしなければならない考え方が**倫理綱領**としてまとめられています（日本介護支援専門員協会「介護支援専門員 倫理綱領」（巻末参考資料））。しかし、実際の援助においては利

column

倫理的ジレンマとアセスメント

　日本介護支援専門員協会の「介護支援専門員 倫理綱領」（巻末参考資料）は、専門職として守らなければならない行動原則としてまとめられており、どうしても抽象的な表現となります。そこで、具体的な内容に関しては、日本介護支援専門員協会のホームページに「介護支援専門員 倫理綱領 解説」としてまとめられています。倫理綱領の意味を理解するには、このような解説も合わせて具体的に学んでいく必要があります。

　ケアマネジャーが利用者支援の際に悩むのは、倫理的ジレンマに遭遇したときです。倫理綱領にある項目はどれも介護支援専門員としての行動の規範としなければならない内容です。しかし、正しい行動（倫理）であるにもかかわらず、もう一方の正しい行動（倫理）とは相反する場合には、介護支援専門員としてどのようにバランスを取って行動してよいのかわからなくなります。そのような場合、まず再度情報を多面的に収集し、倫理綱領と照らし合わせたうえで、現時点での支援場面において、例えば生命の保護と自己決定のどちらを優先するのかを決定していくことが重要です。

（北島英治・副田あけみ・高橋重宏・渡部律子編『ソーシャルワーク実践の基礎理論』有斐閣、2002年、pp.51〜54を参考に作成）

好きなように飲んで、楽しめたらもう十分。放っておいてくれ（自己決定）

倫理的ジレンマ

このままでは糖尿病が悪化して命にかかわるわ…（生命の保護）

用者の利益と家族の利益が相反する場合や、利用者の利益と所属組織の利益のどちらを優先するかといった、「利用者利益の優先」が揺らぐ場面に遭遇することがあります。これを**倫理的ジレンマ**と呼びます。

Point 14　コミュニケーションが困難な利用者の権利を優先する

　疾病や認知症により自分の「思い」を言葉にできない、または適切な判断ができない利用者もいます。このような**自己決定が困難な利用者、もしくは重度の障害があり明確な意思表示（自己決定）を他者に伝えることが難しい利用者においては、権利を擁護する視点（アドボカシー（代弁））**が求められます。

　利用者の「思い」を適切にアドボカシーするには、面接場面での表情や視線、態度や行動（非言語のコミュニケーション）を観察することで「思い」を汲み取っていきます。また、これまでの生活のなかで、大切にしてきた考え方や日常の生活習慣、人生の大きな決断をどのようにしてきたかなど、利用者自身の人となりがわかる出来事（情報）を教えてもらう必要があります。

　また、利用者に一番身近な存在として、家族がいます。家族から情報を得る場合は、例えば妻や夫、子どもとしての立場からの「家族としての意向」と、今までの暮らしの様子をよく知っている「家族だからこそ可能であるアドボカシー」を意識して聞き分けることが重要です。

Point 15　自分の価値観の傾向を知る

　利用者との双方向のコミュニケーションのなかで、利用者が発した言葉や表情、態度に対し、支援者であるケアマネジャーが影響を受ける場合があります。例えば、利用者の境遇が自分と似ていることで、強く感情移入し職務の範囲を超えて支援してしまう、逆に自分の価値観や考えと正反対で共感することができずに腹が立ってしまうといった場合です。ともすれば、専門的援助関係と個人的関係性の境界が曖昧になり、不適切な援助関係となってしまう可能性があります。これを防ぐためには、**支援者である自分自身の価値観の傾向、例えば、許せること、許せないこと、好ましいと思うこと、好ましくないと思うこと、好きなこと（もの）、嫌いなこと（もの）などを理解するように努めること（自己覚知）が必要**になります。

　どうしても利用者の言動が理解しがたい場合は、**スーパービジョンや事例検討会**な

どで第三者に自分自身の引っ掛かりを話し、そのプロセスを振り返りながら自分自身の価値観や傾向を理解していく体験が有効です。このような方法を活用しながら、自分自身の価値観を押しつけることなく、受け入れがたい、理解しがたいと思われる利用者も客観的・共感的に理解できるようになっていくのです。

思いを汲み取る

第1章 インテーク

第2章 アセスメント

第3章 ケアプラン

第4章 サービス担当者会議

第5章 モニタリング

第6章 終結

第7章 実践への活かし方

5 アセスメントの基本

　利用者に対して適切なアセスメントを行っていくためには、ケアマネジャーとして身につけておかなければならない基本があります。これらは、利用者に対する基本的な考え方やケアマネジャーとしての基本的な視点、面接や援助関係形成のために必要な知識・技術です。

Point 16　利用者の"思い"を想像する

　利用者の"思い"を想像しながら面接を進めていくことは、アセスメント面接の基本です。相談に来る利用者・家族はどのような気持ちでしょうか。「どんな人が相談にのってくれるのだろうか」「ちゃんと話を聞いてもらえるのか」「問題は解決するのだろうか」「何をどうしてよいかすらわからない」など、さまざまな不安が錯綜します。相談内容を自分自身の言葉でしっかりと伝えることができる利用者もいれば、うまく話をすることができない利用者もいます。**困りごとの内容はもちろん、表情や態度、仕草などを通して表出された利用者の"思い"を想像しながらアセスメント面接を進めていくこと**が求められます。

Point 17　聴き取った"思い"を整理する

　困りごとやその原因、今後どうしていきたいのかといった内容を理路整然と話すことができる利用者ばかりではありません。利用者自身が語った内容にしっかりと耳を傾けながら、バラバラに語られた情報を整理しつつ大切に扱うことで、利用者はより多くの情報を語ってくれるようになります。ケアマネジャーは、**語られた情報をアセスメントの枠組みに沿いながら整理していきます。そして、まとめた内容を利用者に伝えていくことで、利用者自身が問題を整理しながら、自らの強み（ストレングス）にも気づき、今後どのようにしていけばよいかを考えていくことにつながります。**

Point 18　利用者の"語り"から生活全体を見直す

　アセスメント面接では、ケアマネジャーが必要と思う情報を一方的に聞いていくのではなく、利用者の"語り"にペースを合わせながら情報収集を行い、生活全体を見直していきます。ケアマネジャーがアセスメントで収集しなければならない情報は多岐にわたります。**まずは利用者の語りにしっかりと耳を傾け、「利用者がどのような世界に生きているのか」を紐解いていきます。その流れのなかで、利用者が語らない（語ることができない）情報においても、ケアマネジャーとして重要と考える情報については、質問を繰り返すことで、少しずつ引き出しながら収集をしていきます。**

　必要な情報を質問する場合には、前述したケアマネジャー自身の価値観による偏りに加えて、専門性（基礎資格）による偏りにも注意する必要があります。

Point 19　面接のなかでケアマネジャーの役割を理解してもらう

　契約や重要事項の説明といったインテーク場面でケアマネジャーの役割を伝えますが、実際にどの程度利用者に伝わっているのでしょうか。ケアマネジャーは、一般的な人間関係のなかでは決して聞かないような個人的な情報を利用者から教えてもらわなければなりません。しかし利用者が、「なぜその情報をケアマネジャーに教えなければならないのか、教えた情報はどのように活用されるのか」がわからなければ、納得はしてくれないでしょう。だからこそ、**ケアマネジャーの役割を利用者が理解できる平易な言葉で具体的に説明する**ことで、利用者とケアマネジャーそれぞれの役割を共有していくことができるのです。

第1章　インテーク

第2章　アセスメント

第3章　ケアプラン

第4章　サービス担当者会議

第5章　モニタリング

第6章　終結

第7章　実践への活かし方

Point 20 今後の方向性を示す

　面接に臨む利用者のなかには、何を聞かれるか不安な気持ちになる人や、どんなケアマネジャーが来るのだろうと緊張している人もいます。**アセスメント面接の前に、大まかなスケジュールを示しておく**ことが利用者の不安解消のために不可欠です。

　アセスメント面接にどの程度時間を使い、そこで聞いた情報をどのように活用するか、その結果どのような方向に進んでいくか、といったことを伝えることで**利用者自身が支援の方向性を理解し安心して相談面接に臨むことができる**のです。

Point 21 個人情報を関係者間で共有することについて同意を得る

　日常業務における個人情報保護については、契約や重要事項の説明において同意が行われています。しかし、**個人情報がどのような目的で、誰に向けて開示・共有されるか、そしてそれ以外では守秘義務の遵守が徹底されることを理解してもらわなければなりません。**サービス事業所に対する事前の情報提供、健康状態が悪化した場合の医療機関への情報提供、災害時における地域への情報提供といったように、具体的にイメージしやすい説明を行い、同意してもらいます。また、支援経過のなかで個人情報の開示が新たに必要な場合、初回利用時に説明し同意をもらっていても、再度、丁寧に説明をしていくことが求められます。**個人情報を乱雑に取り扱うことは、信頼関係の破綻に直結する**こともありえます。

Point 22 面接技術を習得する

　利用者との面接を行うにあたり、面接技術を習得する必要があります。面接において、利用者から情報がうまく引き出せたと感じた経験と、逆にうまくいかなかったと感じた経験はないでしょうか。アセスメントにおける情報収集は、面接技術を応用しながら行われます。また、面接技術には言葉によるコミュニケーション以外にも、表情や体動といった非言語表現、語調などに代表される準言語表現も含まれます。ケアマネジャーは**面接技術を上手に活用する**ことで、**専門的援助関係も育む**ことになります。

図表 2 － 1　相談援助面接技術（言語コミュニケーション）

中立的発言	①場面構成…社交的会話や中立的発言
傾聴反応	②受け止め・励まし・促し…あいづちなど話し手の話を促す ③明確化・認知確認…正しく聞けているか、受け取り方に間違いがないかを確かめる ④繰り返し…話し手の話したことをそのまま繰り返す ⑤言い換え…話している内容は同じだが異なる表現で言い換える ⑥感情の反射・明確化…明に暗に表現された内容を繰り返す ⑦要約…会話のいくらかまとまった部分をまとめて返す
積極的な言語介入	⑧質問…開かれた質問、閉ざされた質問 ⑨支持・是認・勇気付け・再保証…その理由とともに、話し手が話した内容に関して相手を認める ⑩情報提供…相手にとって役立つ情報を適切なときに提供する ⑪提案・助言…相手にとって役立つアドバイス等を適切なときに行う ⑫解釈・説明…話し手が話した事柄の意味の説明や一歩進んだ解釈の提示 ⑬分断された情報の統合…異なる時点で出てきた情報の統合・明確化 ⑭焦点化…一つの問題の核心に焦点を当てて新たな展望を開く ⑮仮説的状況に関する質問…「もし××なら」という推測に関する問いかけ

渡部律子『高齢者援助における相談面接の理論と実際 第2版』医歯薬出版、2011年、pp.129～130をもとに作成

Point 23　専門的援助関係づくりを心がける

　どれだけコミュニケーションを重ねても、なかなか利用者から情報を引き出せないことがあります。上手に情報を引き出すためには、**支援する側と支援を受ける側の信頼を基盤においた専門的援助関係づくり**が重要です。この信頼関係を構築するための基本的な原則に「**バイステックの7原則**」があります。専門的な援助関係を形成するには、7つの原則を利用者の課題やペースに合わせながら応用し、個別的に対応していくことが重要です。

図表 2 − 2　バイステックの 7 原則

ニーズ	原則
1　個別化の原則（利用者を個人としてとらえる）	クライエントは、ケースとしてあるいは典型例として、さらにある範疇に属する者として対応されることを望まない。彼らは、1 人の個人として迎えられ、対応してほしいと望んでいる。
2　意図的な感情表出の原則（利用者の感情表現を大切にする）	クライエントは否定的な感情と肯定的な感情、そのどちらも表現する必要性をもっている。これらの感情には、恐れ、不安、怒り、憎しみ、あるいは自分の権利が侵害されているという感情などが含まれる。また、これとは逆の感情も含まれる。
3　統制された情緒的関与の原則（援助は自分の感情を自覚して吟味する）	クライエントは、彼らの感情表現に対して、ケースワーカーから共感的な理解と適切な反応を得たいと望んでいる。
4　受容の原則（受け止める）	クライエントは、依存しなければならない状態に陥ったり、弱さや欠点を持っていたり、あるいは失敗を経験しているとしても、一人の価値ある人間として、あるいは生まれながらに尊厳を持つ人間として受け止められたいというニードを持っている
5　非審判的態度の原則（利用者を一方的に非難しない）	クライエントは彼らが陥っている困難に対して、ケースワーカーから一方的に非難されたり、叱責されたくないと考えている。
6　自己決定の原則（利用者の自己決定を促して尊重する）	クライエントは、自分の人生に関する選択と決定を自ら行ないたいというニードを持っている。彼らは、ケースワーカーから選択や決定を押し付けられたり、あるいは「監督されたり」、命令されたりすることを望まない。彼らは命令されたいのではなく、援助を求めているのである。
7　秘密保持の原則（秘密を保持して信頼感を醸成する）	クライエントは、自分に関する内密の情報を、できる限り秘密のままで守りたいというニードを持っている。彼らは、自分の問題を、近隣の人や社会一般の人びとに知られたいとは願っていない。また、自分の評判を捨ててまで、社会福祉機関から援助を受けようとも思っていない。

F.P. バイステック、尾崎新・福田俊子・原田和幸訳『ケースワークの原則　援助関係を形成する技法　新訳改訂版』誠信書房、2006 年、pp.33〜210 を参考に作成

column

アセスメントに必要な知識・技術とその実践

　アセスメントに必要な知識・技術として、利用者の「生きることの全体像」を把握するうえで適切に情報収集できる知識として「相談援助面接技術」や、自分自身の価値観の傾向を知る「自己覚知」、ケアマネジャーとしてどこまで支援を行うか、「支援経過における責任と権限（役割認識）」、専門的な援助関係を構築するための土台となる倫理的原則としての「バイステックの7原則」などがあります。これらの知識・技術については必ず学んでおかなければなりません。そして、アセスメントにおいて一体的に活用できることが求められます。

　例えば、バイステックの7原則の「統制された情緒的関与の原則」を実践に応用しようとする場合、利用者が言葉として発した情報に対し、ケアマネジャーである自分がどのように反応するかを自覚（自己覚知）し、ケアマネジャーとして、自分がその言葉にどのように対応することが適切（役割認識）かを考えながら、アセスメントを進めていくことが求められます。

第1章　インテーク

第2章　アセスメント

第3章　ケアプラン

第4章　サービス担当者会議

第5章　モニタリング

第6章　終結

第7章　実践への活かし方

6 アセスメントの 3つのステップ

Point 24　ステップ1　情報の収集・整理を行う
Point 25　ステップ2　情報の分析・統合からニーズの "見える化" をする
Point 26　ステップ3　目標を設定し、手立てを考える

　ここまで説明してきたケアマネジャーに必要な価値を基本に、アセスメントを実施します。アセスメントには、情報の収集・整理（ステップ1）、情報の分析統合（ステップ2）、目標設定と手立ての検討（ステップ3）の3つのステップがあり、情報の収集・整理の結果がアセスメントシートに記録されます。

Aさんのアセスメントシート

　アセスメントについて解説する前に、Aさんがどのような人かを知っていただくためにAさんのアセスメントシート、エコマップ、主治医意見書を掲載します。

　後に詳細に解説しますが、このアセスメントシートは、本書で提案するアセスメントの基本的な7つの対象領域を取り入れて整理しています（※以下、アセスメントの7領域という）。アセスメントの7領域とは、「利用者の生きている世界（主観的現実世界）を理解するための「語り」に加えて、ICF（国際生活機能分類）モデルの6つのカテゴリーである「心身機能（心身機能障害）・身体構造（身体構造障害）」「活動（活動制限）」「参加（参加制約）」「環境因子（促進的・阻害的）」「個人因子（プラス因子・マイナス因子）」です。厚生労働省の課題分析標準項目（23項目）を網羅しながら、対象となる利用者の "生きることの全体像" を見えやすくするための工夫もしています。

　本書において、これからケアマネジメントプロセスのアセスメントから終結までを、Aさんの事例をベースに解説していきますので、皆さんと、Aさんの "生きることの全体像" をここで共有しておきたいと思います（図表2-3、2-4、2-5）。

図表2−3　Aさんのアセスメントシート

アセスメントシート

記入日　令和　○　年　10月　20日
記入者　J

第1章 インテーク

第2章 アセスメント

第3章 ケアプラン

第4章 サービス担当者会議

第5章 モニタリング

第6章 終結

第7章 実践への活かし方

基本情報（フェイスシート）		
利用者氏名：　　　A	性別：女性	年齢：73歳（昭和○年7月10日）

家族構成　※主たる介護者もしくはキーパーソンに○	ジェノグラム
○B（夫）　73歳 　C（長女）45歳　※同市内在住 　D（長男）43歳　※関東在住 　E（次女）40歳　※同市内在住 　F（次男）38歳　※中部地方在住	73 □—◎ 73 48　45　43　38　42　40　38　36 20　18　13　10　15　12　9　6　4

要介護状態区分	障害高齢者の日常生活 自立度判定基準	認知症高齢者の日常生活 自立度判定基準
□要介護1　☑要介護2 □要介護3　□要介護4 □要介護5	□自立　□J1　□J2 □A1　□A2　☑B1 □B2　□C1　□C2	□自立　☑I　□Ⅱa　□Ⅱb □Ⅲa　□Ⅲb　□Ⅳ　□M
㊙新規・更新・区分変更		
認定の有効期間		
令和○年9月1日〜 　　　　令和△年8月31日		

既往症・現症	発症年月	医療機関名	医師名
脂質異常症	60歳	G内科クリニック	G
高血圧	60歳	G内科クリニック	G
アテローム血栓性脳梗塞	73歳	市立H病院	H
脳血管性認知症	73歳	市立H病院	H
＊リハビリテーション		Iリハビリテーション病院	I

現在使用している薬剤
バイアスピリン（抗血小板剤）100mg/朝、アトルバスタチン（高コレステロール血症治療薬）10mg/朝、アダラートCR錠（降圧剤）20mg/朝、マグミット（下剤）2g/就寝前

現在使われているフォーマルサービス	現在使われているインフォーマルサポート
I病院　　G内科クリニック※退院後主治医	B（夫）、C（長女）、E（次女）

相談に至った経緯
令和○年8月20日、居間で倒れ、呂律困難状態になっているAさんを外出から戻ってきたBさんが発見（約4時間放置状態）、すぐに救急車を要請。市立H病院に救急搬送にて入院。アテローム血栓性脳梗塞と診断され治療を受けたが、左半身の中度の運動麻痺等の後遺症が残り、9月5日にリハビリ目的のためIリハビリテーション病院へ転院。約2か月間のリハビリテーションを受け、10月末頃に退院予定となる。その間、介護保険の認定申請をし、要介護2の結果。Iリハビリテーション病院のMSWよりJ居宅介護支援事業所に居宅介護支援の依頼がある。

課題分析用　アセスメントシート

生活史　　※輝いていた日々、つらかったこと、好きなこと、嫌いなこと等も

　昭和〇年Z市に生まれる。性格は大人しく、協調性があり、リーダー的な存在ではなかったが、子どもの頃から友人も多かった。小学校から高校までZ市で過ごし、京都の女子大卒業とともにZ市内の商社に就職。夫とは、会社で知り合い結婚。結婚と同時に退職し、4人の子どもを育てながら夫を支える。子育てはほとんど一人で頑張ったというのがA氏の苦労話。料理も得意で、家族のために腕を振るっていた。子どもの手が離れてからは、近所の和菓子製造販売会社事務所にて事務員として働き、60歳で定年退職。働き者で、仕事と家事を両立した。B氏は仕事が忙しく、遅くなることが多く、会話もままならなかったが、定年退職後は一緒にプランターで花や野菜をつくったり、コンサートや旅行、買い物を楽しんだりしていた。また、幼馴染とも生け花や食事を楽しんでいた。入院後も幼馴染がお見舞いに何度も来てくれている。夫や子どもたちも順番に病院に付き添ってくれている。C氏が言うには、A氏が家族の中心的存在とのこと。

主訴（困りごと・要望）　※本人・家族別々に　なるべく"語り"そのままに

A氏「こんな体になって家での生活ができるか不安です。でも体を治して、今までのように家事をしながら、家族や友人と趣味や外出ができるようになりたいです」
B氏「関節リウマチで、手足の指、膝などのこわばりや痛みがあり無理ができないため、介護ができるか心配です。先々のことを考えると不安もありますが、今まで頑張ってくれた妻を支えていきたいと思います。まだ若いので、しっかりと体を動かして元気になってほしいと思います」
C氏「しばらくはリハビリをしっかりしてほしいと思います。私も次女も簡単には訪問できず、また父親は家事が得意ではないので、少し調理を手伝ってもらえたらと思います」

健康（疾患）について　　※増悪時の注意点、日々の生活におけるチェックPoint等

　アテローム血栓性脳梗塞（左半身の中度運動麻痺、左半側空間無視、左半側身体失認等の後遺症あり）、脂質異常症、高血圧症、脳血管性認知症
　脳梗塞の再発予防については、血圧と脂質異常症を安定させること。血圧の目標値は130/80mmHg。降圧剤によっておおむね目標値を達成しているが、時々収縮期血圧が170mmHg前後になることがあり、入浴時にはシャワー浴へ変更の指示あり。LDLコレステロール値は内服にて170mg/dl。これ以上高くならないようにすること。食生活は、塩分や脂肪分の多い食品の摂りすぎや水分補給に注意。継続的把握と服薬管理が必要。左半身の中度運動麻痺があるため、けが、転倒にも注意。また、バイアスピリン服用のため出血にも注意が必要。退院後の主治医は、以前からの主治医のG内科クリニックのG医師である。

精神機能（精神機能障害）　　※BPSD、気分・感情障害等含む

　入院中という環境も影響していると考えられるが、家族が病室に持参した衣類や物品のことや、面会者があったことを忘れていたりする。忘れていることを家族が指摘すると「そういえば…」などと答え、思い出す様子もある。食事を食べたことを忘れるといったことはない。物忘れについては、入院による物理的な環境変化と、周囲の人々とのコミュニケーションが減少した影響も考えられるため、家に帰ったときにどのように改善するかを見定める必要がある。退院後、症状が悪化するようなことがあれば、専門医受診も検討しなければならない。日常生活場面での意思決定に問題はなく、会話がかみ合わないといったこともない。
　左半身の運動麻痺になったことで当初は気分の落ち込みがあったようであるが、家族や友人の励ましや、リハビリを重ねることで歩行が安定してきたことの効果か、笑顔が見られるようになった。
　軽度の左半側空間無視、左半側身体失認あり。

身体機能・構造（身体機能障害・身体構造障害）　　※褥瘡等も

　身長158センチ　体重55キロ　血圧は内服にて130/80mmHgでほぼ安定しているが、時々収縮期血圧が170mmHg前後になることがある。左半身の中度の運動麻痺。左下肢についてはつま先が上がりにくく、また感覚障害があり、「ぶあつい靴下をはいたような感じ」との訴えがある。上肢は左手指の麻痺がある（握る、開くがゆっくりとしかできない。握力5）。右半身については問題ないが、右下肢筋力のさらなる強化の必要があるとのこと。左半側空間無視により左側の食事の認識がしにくいといった症状があるが、声かけで認識可能。また、左半側身体失認により、服の左の袖が通しにくいといった症状がある。右利き。
　身体の痛み、身体の切断（構造障害）なし。褥瘡なし。皮膚に異状はないがバイアスピリン服用のため要観察。
　視覚、聴覚、構音機能、嚥下機能、咀嚼機能に問題なし。
　すべて自歯。口腔内保清良好。尿意、便意あり。便秘傾向（1回/3〜4日）。

活動（ADL（日常生活動作））・活動制限
基本動作（基本動作の制限）　※寝返り・座位・歩行等どこで、どのように
ベッド上での寝返り、起き上がり、端座位は見守り、一部介助。リハビリ室では4点支持杖で見守り歩行をしているが、病棟では車いす自操。介助や手すりがあれば歩行は可能。見守りによる階段昇降や段差を越える訓練も実施している。退院前の一時帰宅による事前評価では、玄関前の段差および玄関の上がり框は一部介助により可能であったが不安定。玄関前、玄関の上がり框に手すりなし。リビングのソファーからの立ち上がりは不安定、キッチンのいすからの立ち上がりは机に手をつきながら可能、便座からの立ち上がりは一部介助により可能であるが不安定。浴室（洗面台）、トイレへの移動は廊下伝いに見守りで可能であるが、転倒の可能性あり。廊下に手すりなし。浴室内の立ち上がりも困難。居間からキッチンへの移動はいすや食器棚等を持って伝い歩きで可能。見守りは必要。2階への移動は危険であり、現状では実施しない。
コミュニケーション（コミュニケーションの制限）
会話による日常生活場面における意思疎通に問題はない。ただし、家族によると、前日見舞いに来たときの衣類や物品の持参の事実を忘れていたり、家族に「ゼリーやプリンを持ってきて欲しい」といった依頼が繰り返しあったりするという。「持ってきたでしょ」と言うと、「そうだったかな」「忘れていて困ったものね」と笑いながら答える。時々このような会話内容の行き違いが起こる。
睡眠・入浴・食事・排泄・整容（洗顔・口腔ケア・整髪等）・更衣・ADL の制限 ※どこで、どのように

睡眠
　入院当初は眠れないという訴えがあったが、転院後は寝つきはよく問題ない。

入浴
　病院では一部介助によりシャワー浴。左半身運動麻痺のため、右半身が洗いにくく、右腕、右脇腹、背中、臀部、右足等に介助が必要。浴室内歩行時転倒に注意。浴槽のまたぎはできない。長湯に注意。浴室内、浴槽壁面に手すりなし。主治医より退院後の入浴について長湯に注意し、収縮期血圧170mmHg 以上の時はシャワー浴に変更の指示あり。

食事
　咀嚼、嚥下に問題はなく、食事は普通食。利き手である右手にて箸使用。食べこぼしなし。茶碗はどうにか持つことができるが、どんぶり鉢や大きめの皿は持つことはできない。軽度の左半側空間無視があるため、左側の食器の認識がしにくいが、声かけにより可能。失禁を気にして水分を摂らない傾向にあるため、促しが必要。ちらし寿司、煮物、麺類、揚げ物など全般的に味付けの濃いものが好物であるため、塩分、脂肪分の多い食品の摂りすぎに注意が必要。居宅のテーブル、いす等に問題なし。

排泄
　尿意、便意に問題はなく、失禁もない。入院してから便秘気味で3日排便がないときは下剤服用。病院では日中は見守り、介助にて車いすで移動し、多機能トイレで排泄、夜間はポータブルトイレ対応。退院前訪問では居宅のトイレは介助にて通うことができる。便器への移乗には見守りで問題なし。段差もなく、手洗い、ドア開閉等は可能。トイレットペーパーが引きちぎりにくい。トイレに手すりなし。

洗面・整容・口腔内保清
　現在は車いす座位にて洗面、歯磨き、髪の整容も自分で実施。歯磨きチューブの絞りは介助。退院前訪問では、居宅の洗面台、蛇口等に問題なし。いすがあれば、自力で可能。

更衣
　上着の被り物は介助が必要。軽度の左半側身体失認により左袖が通しにくい。大きなボタンはゆっくりと可能。パンツ、ズボン、靴下はいすに座ってゆっくりと可能であるが、左手指の不全麻痺により引き上げが不十分で介助が必要。

第1章 インテーク

第2章 アセスメント

第3章 ケアプラン

第4章 サービス担当者会議

第5章 モニタリング

第6章 終結

第7章 実践への活かし方

IADL（手段的日常生活動作）

服薬・金銭管理・外部連絡・社会的諸手続き・移動・買い物・調理・洗濯・掃除等

受診・服薬
　入院中は看護師が管理し、自分で服用。退院後の受診については、夫もしくは長女の自家用車にて通院予定。
　服薬は夫が管理して見守り、自分でも管理、服用してもらい、訪問看護師が状況を確認する予定。

金銭管理
　自分自身の年金の管理、買い物時の支払いは可能か、在宅復帰後に確認。

外部との連絡（緊急時等）
　夫が実施予定。子どもたちへの電話連絡が可能か、在宅復帰後に確認。

社会的諸手続き
　発病前から夫が行っていた。

移動
　退院後については、病院受診や少し距離のある場所は、夫もしくは長女の車で移動。近隣については、車いすもしくは見守り一本杖。

買い物
　現状の理解力や基本動作から、買い物については、長女、夫が対応予定であるが、支援があればA氏が行うことができると考える（推定）。

調理・洗濯・掃除
　現状の理解力や基本動作から、調理、洗濯、買い物については、すべては無理でも、支援があればB氏が行うことができる場面もあると考える（推定）。

参加（役割）・参加（役割）制約　※人的環境含む

家族関係性　※虐待・家族の障害等含む

　B氏は、関節リウマチで、手足の指、膝等のこわばりや痛みがあり、無理ができないため、介護ができるか心配とのこと。真面目で口数が少ない性格であったが、家族のために頑張って仕事をしてきた。商社で昼夜なく働く企業戦士で、海外出張や帰宅が遅いなど変則的な勤務ではあったが、協力し合って子育てをしてきた。定年退職後は一緒にプランターで花や野菜をつくったり、コンサートや旅行、買い物を楽しんだりしていた。家族関係も悪くないとのこと。夫の唯一の趣味は写真で、写真クラブに所属しているが、A氏が入院してからは顔を出していないとのこと。
　C氏（長女）とE氏（次女）は同市内に住んでおり、入院中も連絡を取り合いながら、A氏やB氏の世話をしてくれている。2人とも公務員で仕事と家事の両立をしているので、頻繁に訪問できるわけではない。C氏、E氏の子ども（孫）は大学生、高校生、小学生であり、A氏、B氏を慕って休みの日に遊びに来てくれる。
　D氏（長男）は横浜市、F氏（次男）は名古屋市在住で、なかなか帰ってくることはできないが、緊急時等には対応してくれる。お盆や正月などには帰省して、孫たちも一緒に一家団欒を楽しんでいる。

その他関係性　※友人関係・近隣関係・趣味仲間等

　昔から長い付き合いの幼馴染の友人が3人（K氏、L氏、M氏）あり、生け花や食事を楽しんでいた。よく見舞いにも来てくれて、「退院したらまた遊びに行こうね」と言ってくれる。
　また、ボランティアサークルにも参加し、高齢者施設等での傾聴ボランティアや歌の訪問等も熱心に行っていた。両隣のN氏、O氏はよく家に来てくれて、リビングで茶話会や、おすそ分けをし合う間柄とのこと。病院にもお見舞いに来てくれている。

個性（ものの考え方・習慣・趣味・嗜好・宗教等）

　性格は大人しく、協調性があり、誰とでも仲よくできる。リーダー的な存在ではなかったが、子どもの頃から友人も多かった。芯が強く、仕事と家事を両立してきた。調理が得意。生け花、プランターで花や野菜づくりを楽しむのが好き。子ども、孫との交流も楽しみ。友人との外出も楽しみ。ボランティア活動（福祉施設での傾聴ボランティア、歌の訪問）も熱心。幼い頃に仲のよかった姉を交通事故で亡くし、今でも仏壇参り、お墓参りを欠かさない。

物理的環境（促進的）・物理的環境（阻害的）	
住居　※持ち家・マンション・段差・危険箇所等 その他物理的環境	居宅周囲の環境、近隣環境（病院・店舗等）、

住宅平面図　↓	（居宅周囲の環境、近隣環境、その他物理的環境などを記述） 玄関横のスペースにプランターがたくさんあり、花や葉物野菜が栽培されている。 月極駐車場がすぐ近くにあり、車はそこに常駐。 電車で2駅のところに市立H病院。 自宅から2キロ程度北側にⅠリハビリテーション病院。 自宅から50メートル程度のところに商店街があり、生活必需品はおおむねそろえることができる。G内科クリニックは家から1キロ程度のところに位置。馴染みのスーパーYは家の斜め向かいにある。
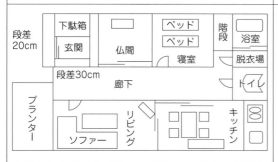	
玄関前に公道から20cmの段差。玄関上がり框に30cmの段差。築30年。玄関前、玄関、廊下、浴室、トイレに手すりなし。	経済的には問題はないとの夫の話。

制度的環境（導入されている制度）　年金・障害者施策・成年後見制度等
介護保険制度（要介護2）　厚生年金（年間150万程度）　国民健康保険

図表2−4　Aさんの入院中のアセスメント時のエコマップ

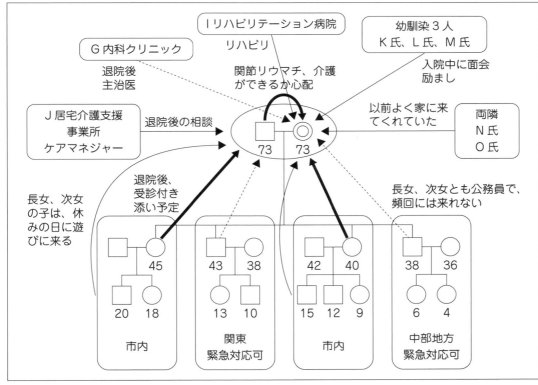

渡部律子『高齢者援助における相談面接の理論と実際 第2版』医歯薬出版、2011年を参考に作成

第1章 インテーク
第2章 アセスメント
第3章 ケアプラン
第4章 サービス担当者会議
第5章 モニタリング
第6章 終結
第7章 実践への活かし方

図表2－5　Aさんの主治医意見書

主治医意見書

記入日　令和　○　年　9　月　10　日

申請者	（ふりがな）　　　　　A	男・**女**	〒　000　－　0000
	明・大・**昭**　○年　7月　10日生（73歳）		連絡先　000　（　000　）　0000

上記の申請者に関する意見は以下の通りです。
主治医として、本意見書が介護サービス計画作成等に利用されることに　■同意する。　□同意しない。
医師氏名　　　　　　　H
医療機関名　　　　　　H病院　　　　　　　　　　　　電話　000　（　000　）　0000
医療機関所在地　　　　　　　　　　　　　　　　　　FAX　000　（　000　）　0000

（1）最終診察日	令和　○　年　9　月　4　日
（2）意見書作成回数	■初回　□2回目以上
（3）他科受診の有無	□有　■無 （有の場合）→□内科　□精神科　□外科　□整形外科　□脳神経外科　□皮膚科 　　　　　□泌尿器科　□婦人科　□眼科　□耳鼻咽喉科　□リハビリテーション科 　　　　　□歯科　□その他（神経内科）

1．傷病に関する意見

（1）診断名（特定疾病または生活機能低下の直接の原因となっている傷病名については1．に記入）及び発症年月日
　1．脂質異常症、高血圧　　　　　　　発症年月日（昭和・**平成**・令和　○　年　　　月　　　日頃）
　2．アテローム血栓性脳梗塞、脳血管性認知症　発症年月日（昭和・平成・**令和**　○　年　8　月　20　日頃）
　3．　　　　　　　　　　　　　　　　発症年月日（昭和・平成・令和　○　年　　　月　　　日頃）

（2）症状としての安定性	■安定	□不安定	□不明

（「不安定」とした場合、具体的な状況を記入）

（3）生活機能低下の直接の原因となっている傷病または特定疾病の経過及び投薬内容を含む治療内容〔最近（概ね6か月以内）介護に影響のあったもの及び特定疾病についてはその診断の根拠等について記入〕。
8/20に脳梗塞を発症し左半身の中度運動麻痺と左半側空間無視の後遺症があります。血圧は130/80mmHgにてほぼ安定していますが、時々170mmHgに上昇する時もあります。LDLコレステロール値は170mg/dlです。
処方している薬：バイアスピリン100mg/朝、アトルバスタチン10mg/朝、アダラートCR錠20mg/朝、マグミット（下剤）2g/就寝前

2．特別な医療（過去14日間以内に受けた医療のすべてにチェック）

処置内容　　　□点滴の管理　　　□中心静脈栄養　　□透析　　　　□ストーマの処置　□酸素療法
　　　　　　　□レスピレーター　□気管切開の処置　□疼痛の看護　□経管栄養
特別な対応　　□モニター測定（血圧、心拍、酸素飽和度等）　　　　□褥瘡の処置
失禁への対応　□カテーテル（コンドームカテーテル、留置カテーテル　等）

3．心身の状態に関する意見

（1）日常生活の自立度等について
・障害高齢者の日常生活自立度（寝たきり度）□自立　□J1　□J2　□A1　□A2　■B1　□B2
　　　　　　　　　　　　　　　　　　　　　□C1　□C2
・認知症高齢者の日常生活自立度　　　　　　□自立　■I　□Ⅱa　□Ⅱb　□Ⅲa　□Ⅲb　□Ⅳ
　　　　　　　　　　　　　　　　　　　　　□M

（2）認知症の中核症状（認知症以外の疾患で同様の症状を認める場合を含む）
・短期記憶　　　　　　　　　　　　　　　　□問題なし　　　　　　■問題あり
・日常の意思決定を行うための認知能力　　　■自立　□いくらか困難　□見守りが必要　□判断できない
・自分の意思の伝達能力　　　　　　　　　　■伝えられる　□いくらか困難　□具体的要求に限られる
　　　　　　　　　　　　　　　　　　　　　□伝えられない

第1章 インテーク

第2章 アセスメント

第3章 ケアプラン

第4章 サービス担当者会議

第5章 モニタリング

第6章 終結

第7章 実践への活かし方

（3）認知症の周辺症状（該当する項目全てチェック：認知症以外の疾患で同様の症状を認める場合を含む）
■無　□有 → □幻視・幻聴　□妄想　□昼夜逆転　□暴言　□暴行　□介護への抵抗　□徘徊
　　　　　　 □火の不始末　□不潔行為　□異食行動　□性的問題行動　■その他（抑うつ、意欲低下あり）

（4）その他の精神・神経症状
■無　□有　〔症状名：　　　　　　　　　　専門医受診の有無　□有（　　　　　　　）■無〕

（5）身体の状態
利き腕（■右　□左）身長＝158cm 体重＝55kg（過去6か月の体重の変化　□増加　■維持　□減少）
　□四肢欠損　　　　　（部位：　　　　　　　　　　　　　）
　■麻痺　　　　　　□右上肢（程度：□軽　□中　□重）　■左上肢（程度：□軽　■中　□重）
　　　　　　　　　　□右下肢（程度：□軽　□中　□重）　■左下肢（程度：□軽　■中　□重）
　　　　　　　　　　□その他（部位：　　　　　　　　　　程度：□軽　□中　□重）
　■筋力の低下　　　（部位：　　左下肢　　　　　　　　　程度：□軽　■中　□重）
　■関節の拘縮　　　（部位：　　左足関節　　　　　　　　程度：□軽　■中　□重）
　□関節の痛み　　　（部位：　　　　　　　　　　　　　　程度：□軽　□中　□重）
　□失調・不随意運動　・上肢　□右　□左　　・下肢　□右　□左　　・体幹　□右　□左
　□褥瘡　　　　　　（部位：　　　　　　　　　　　　　　程度：□軽　□中　□重）
　□その他の皮膚疾患（部位：　　　　　　　　　　　　　　程度：□軽　□中　□重）

4. 生活機能とサービスに関する意見

（1）移動
屋外歩行　　　　　　　　　　□自立　　　　　□介助があればしている　　■していない
車いすの使用　　　　　　　　□用いていない　■主に自分で操作している　□主に他人が操作している
歩行補助具・装具の使用（複数選択可）　□用いていない　□屋外で使用　■屋内で使用

（2）栄養・食生活
食事行為　　　　　■自立ないし何とか自分で食べられる　　□全面介助
現在の栄養状態　　■良好　　　　　　　　　　　　　　　　□不良
→ 栄養・食生活上の留意点（　塩分、脂肪分の多い食品の摂りすぎに注意　　　　　　　　　　）

（3）現在あるかまたは今後発生の可能性の高い状態とその対処方針
　□尿失禁　■転倒・骨折　■移動能力の低下　□褥瘡　□心肺機能の低下　□閉じこもり
　■意欲低下　□徘徊　□低栄養　□摂食・嚥下機能低下　■脱水　□易感染性
　□がん等による疼痛　□その他（　　　　　　　　　　　　　　　　　　　　　　　　　）
→ 対処方針（　　　　　　　　　　　　　　　　　　　　　　　　　　　　　　　　　　）

（4）サービス利用による生活機能の維持・改善の見通し
　　　　　■期待できる　　　□期待できない　　　□不明

（5）医学的管理の必要性（特に必要性の高いものには下線を引いて下さい。予防給付により提供される
　　サービスを含みます。）
□訪問診療　　　　　■訪問看護　　　　　□看護職員の訪問による相談・支援　　□訪問歯科診療
□訪問薬剤管理指導　■訪問リハビリテーション　□短期入所療養介護　　□訪問歯科衛生指導
□訪問栄養食事指導　■通所リハビリテーション　□老人保健施設　　　　□介護医療院
□その他の医療系サービス（　　　　　　　　　　　　　　　　　　　　　　　　　　　）

（6）サービス提供時における医学的観点からの留意事項
□血圧　□特になし　■あり（時々170mmHg以上となる）　□移動　□特になし　■あり（移動時見守り必要）
□摂食　■特になし　□あり（　　　　　　　）　□運動　□特になし　■あり（血圧値に注意　）
□嚥下　■特になし　□あり（　　　　　　　）　□その他（　　　　　）　□特記すべき項目なし

（7）感染症の有無（有の場合は具体的に記入して下さい）
■無　□有（　　　　　　　　　　　　　）　□不明

5. 特記すべき事項
要介護認定及び介護サービス計画作成時に必要な医学的なご意見等を見守りに影響を及ぼす疾病の状況等
の留意点を含め記載して下さい。特に、介護に要する手間に影響を及ぼす事項について記載して下さい。
なお、専門医等に別途意見を求めた場合はその内容、結果も記載して下さい。（情報提供書や障害者手帳の
申請に用いる診断書等の写しを添付して頂いても結構です。）

血圧は安定していますが、時々170mmHg前後になることがあり、服薬を継続しています。
現在リハビリテーションを開始していますが、けが、転倒に注意が必要です。

Point 24　ステップ1　情報の収集・整理を行う

アセスメントで一番大切なのは、**利用者に今の自分自身について語ってもらうこと**です。今の自分や家族、置かれている環境をどう感じているのか、過去についてどう理解し、未来はどうありたいと思っているのかといったことです。つまり、利用者の**"心のなか（主観的現実世界）"**についての情報です。

同時に、**ケアマネジャーが家を直接訪問して、視覚、聴覚、嗅覚、皮膚感覚で確認したり、多職種からの情報や、診断書等のデータから確認できる情報**があります。これは、他者が見て把握できる、**利用者の客観的現実世界についての情報**です。

アセスメントのステップ1では、この2つの枠組みで情報の収集と整理をしていきます。

Point 25　ステップ2　情報の分析・統合からニーズの"見える化"をする

ステップ1で得た情報をベースに、利用者がどんな人で、どのような状況に置かれているのか、"生きることの全体像"を見立てていきます。その結果から導き出されるのが、利用者が今後何を求めて、どのように生きていきたいかという「望む暮らし」です。そして、同時に生活のいたるところにある**ニーズ＝放置していたらどんどん悪化しそうな「問題状況」**と、今後の生活に活かせそうな「その人のもつ力」を導き出していきます。

Point 26　ステップ3　目標を設定し、手立てを考える

生活ニーズが明確になれば、その**ニーズの一つひとつに対して「利用者の目標」を設定し、「目標達成のための手立て」を考えていきます。アセスメントには、この3つのプロセスがあります。**

ケアマネジメントモデルの最大の特徴は、利用者、家族、多職種等がチーム一丸となって目標の達成に向かって協働することです。そこで、向かう方向がバラバラにならないようにするには、**利用者の生きることの全体像や、ニーズ、目標、手立てを共通理解しなければなりません。**そのためにはケアのエビデンス（根拠）が必要であり、**利用者を誰の目から見ても可能な限り同じように"見える化"するのが、アセスメントシートとケアプランというツール（道具）**なのです。

図表 2 － 6　アセスメントの 3 つのステップ

アセスメントプロセス

ステップ 1	ステップ 2	ステップ 3

```
┌──────────────┐   ┌──────────────┐   ┌──────────────┐
│  ①見立て      │   │  ②見立て      │   │  ③手立て      │
│              │   │              │   │              │
│ 情報の収集・整理 │ ▶ │ 情報の分析・統合 │ ▶ │  目標の設定    │
│              │   │     ▼        │   │              │
│ 利用者の"語り"  │   │              │   │ 手立ての組み立て │
│ （主観的現実世界）│   │ 望む暮らしと生活 │   │              │
│      ＋       │   │ ニーズの導き出し │   │              │
│  客観的情報    │   │              │   │              │
│ （客観的現実世界）│   │              │   │              │
└──────────────┘   └──────────────┘   └──────────────┘
```

アセスメント

ツール（道具）　アセスメントシート　　　　　ケアプラン

ツールは支援の根拠（エビデンス）を言語化（"見える化"）したもの

第1章 インテーク

第2章 アセスメント

第3章 ケアプラン

第4章 サービス担当者会議

第5章 モニタリング

第6章 終結

第7章 実践への活かし方

7 アセスメントのステップ1 〜情報の収集・整理

Point 27 利用者からの情報収集の対象となるアセスメントの7つの領域を理解する

Point **27** 利用者からの情報収集の対象となるアセスメントの7つの領域を理解する

　アセスメントを行っていくうえで大切な視点として、利用者の全体像を把握しニーズを導き出すことが挙げられます。そのためには、利用者を具体的に把握するための枠組みをもっておく必要があります。

　具体的には、利用者の24時間に点在するニーズを適切に導き出すためのアセスメントの7つの対象領域を理解することが求められます。

アセスメントの7つの対象領域

① 利用者の"語り"

② 健康状態（疾患）

③ 心身機能（心身機能障害）・身体構造（身体構造障害）

④ ADL・IADL（活動・活動制限）

⑤ 役割（参加・参加制約）

⑥ 環境（人的・物的・制度的）

⑦ 個性・生活史

　この7つの領域はそれぞれ相互に影響しています。ケアマネジャーはそれぞれの領域の理解と、そのつながりを分析・統合しながら利用者の全体像を把握しなければなりません。

column

課題分析標準項目23項目とICFモデル

厚生労働省は、ケアマネジャーがアセスメントをする際の指針として23の「課題分析標準項目」を提示しています。内容は、「基本情報に関する項目」が9項目、「課題分析（アセスメント）に関する項目」が14項目に分かれており、内容は図表2−7のようになっています。運営指導を受けた際に、ケアマネジャーが適切にアセスメントを行っているかの判断基準として、この課題分析標準項目に関する情報を利用者から収集し、その内容を記録しているかの確認が行われます。そのため、ケアマネジャーがアセスメント結果を記録するアセスメントシートの多くはこの23項目を網羅しています。

一方で、介護支援専門員の試験に合格して受ける実務研修や資格更新研修では、アセスメントの情報収集の枠組みとして「ICFモデル」（図表2−8）が紹介されています。ICFモデルは、利用者の状況を客観的、かつ包括的にとらえるためのツールです。ICFモデルでは「生活機能」は「心身機能・身体構造」（生命レベル）、「活動」（生活レベル）、「参加」（人生レベル）という3つのレベルで構成されており、「人が生きること」の全体を示すものとされています。この3つに障害がある場合は、それぞれ「機能（構造）障害」・「活動制限」・「参加制約」としています。ICFモデルの特徴は、「生活機能」のうちプラス面（維持されている力）を重視していることです。「生活機能」は「背景因子」といわれる「環境因子」と「個人因子」の影響を受けながら、3つのレベルが相互に影響を与え合い（相互依存性）、一方で個々に独立している（相対的独立性）側面をもつというように整理され、「社会モデル」「医療モデル」の統合モデルとされています。加えて、専門家同士および当事者（利用者・患者・家族）との間の「共通言語」（共通の物の考え方、捉え方）になりうるといわれています。

アセスメントにおける情報収集の枠組みは、ほかにソーシャルワークのジェネラリストモデルにおける「アセスメントで大切な視点16項目」（巻末参考資料）など、多様な実践モデルがあります。行政からの運営指導に対

第1章 インテーク

第2章 アセスメント

第3章 ケアプラン

第4章 サービス担当者会議

第5章 モニタリング

第6章 終結

第7章 実践への活かし方

応する場合、課題分析標準項目の情報収集さえしておけば問題はありません。しかし、アセスメント情報を収集し分析・統合を行い、利用者の個別性を理解したうえで、利用者一人ひとりにとって最適な目標設定や手立てを考えていくには、ICF モデルの相互依存性や相対的独立性の考え方を理解し活用していくことが求められます。どのアセスメントにおける情報収集の枠組みを使うかではなく、さまざまな考え方を応用してアセスメントに活用していくことが重要なのです。

図表 2 - 7　課題分析標準項目

基本情報に関する項目（9 項目）	
1	基本情報（受付、利用者等基本情報）
2	生活状況
3	利用者の被保険者情報
4	現在利用しているサービスの状況
5	障害高齢者の日常生活自立度
6	認知症高齢者の日常生活自立度
7	主訴
8	認定情報
9	課題分析（アセスメント）理由
課題分析（アセスメント）に関する項目（14 項目）	
10	健康状態
11	ADL
12	IADL
13	認知
14	コミュニケーション能力
15	社会との関わり
16	排尿・排便
17	じょく瘡・皮膚の問題
18	口腔衛生
19	食事摂取
20	問題行動
21	介護力
22	居住環境
23	特別な状況

図表2－8　ICFモデル

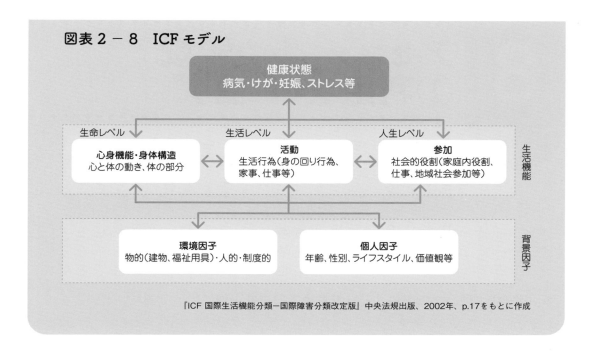

『ICF 国際生活機能分類－国際障害分類改定版』中央法規出版、2002年、p.17をもとに作成

第1章 インテーク

第2章 アセスメント

第3章 ケアプラン

第4章 サービス担当者会議

第5章 モニタリング

第6章 終結

第7章 実践への活かし方

8 アセスメントの領域 ①利用者の"語り"

Point 28　利用者の感じるままに「困りごと（問題）」を語ってもらう

Point 29　困りごと（問題）の具体的特徴と日常生活への影響を把握する

Point 30　援助を受けようと思った理由を確認する

　利用者は、「何らかの困りごと」を抱えています。何に困っており、どのようにしたいのか、その思いや考えを利用者自身の"語り"で教えてもらわなければなりません。

Point 28　利用者の感じるままに「困りごと（問題）」を語ってもらう

　アセスメントの基本は、**「利用者の"語り"を聴く」**ことからです。利用者が感じるままに「問題」について語ってもらうことにより、利用者自身が置かれている問題状況について、どのように感じているか（主観的問題観）を理解していきます。そこには、何に困っているかだけではなく、今の自分についてどのように感じているのか、家族に対してどのような思いがあるのか、過去をどのように理解し、今の日常をどう感じ、今後（未来）はどうありたいのか（主観的現実世界）なども含まれます。

　アセスメント面接において、利用者の「問題」は"語り"で表出されます。アセスメントでは「主訴・要望（デマンド）」と表現されます。しかし、利用者が感じている「問題」は、ケアマネジャーから見ると、問題の本質と違うところにあると感じる場合もあります。しかし、仮にそうであったとしても、まずは利用者自身が問題と感じていることを理解しようと寄り添うことからスタートします。また、家族から相談がもち込まれる場合も多くあります。このような場合、「家族の問題」を教えてもらうことも重要ですが、往々にして**「家族の問題」と「本人の問題」にはずれが生じている場合があります。このような場合も一方に偏ることなく、まずは両者の感じている問題（主観的問題）を把握していくことが重要**です。

第1章 インテーク

第2章 アセスメント

第3章 ケアプラン

第4章 サービス担当者会議

第5章 モニタリング

第6章 終結

第7章 実践への活かし方

Point 29　困りごと（問題）の具体的特徴と日常生活への影響を把握する

　問題状況の把握のポイントは、「**いつから始まったのか**」「**どのくらい続いているのか**」「**起こる頻度はどのくらいか**」「**起こるのはいつか**」「**場所はどこか**」といった問題の具体的特徴を理解していくことです。「お風呂に入れない」「転ぶことが多くなった」などの問題の要因は、利用者一人ひとり異なるからです。さらに重要なポイントとして、「**日常生活への影響はどの程度か**」を把握する必要があります。「問題はあるが何とか生活は成り立っているのか」「問題を解決すれば生活は改善するのか」「問題により生活が破綻寸前なのか」など、利用者の語る問題が日常生活にどの程度影響を与えているのかを把握していきます。問題とその日常生活への影響を把握することで、どの程度緊急的に介入するかといった支援の方向性が定まってきます。

Point 30　援助を受けようと思った理由を確認する

　問題の特徴を理解するには、「**利用者が援助を受けようと思った理由**」を把握しなければなりません。自らの意思で援助を受けようと考えているのか、あるいは家族など周囲の人の要望で援助を受けようと思っているのか、積極的に受けようと思っているのか、仕方がなく受けようと思っているのかなどを把握していきます。

　同じような身体状況の人でも、「**援助を受けようと思っているか**」「**拒否しているか**」でケアマネジャーとしてのかかわりが変わってきます。家族の介護サービス利用の意向は強いものの、利用者がさほど現状を問題としてとらえていない場合などは、利用者に納得してもらうことやモチベーションを上げる必要があります。そのためにも、まずは利用者自身が援助を受けようと思った理由や、あるいは援助を受けようと思っているのかどうかを把握していく必要があるのです。

9 アセスメントの領域②健康状態（疾患）

Point 31 　命を守るための情報である【健康（疾患）】を把握する

　ケアマネジャーに求められる最優先倫理は「生命の保護」です。**まずは命を守るための情報収集を行わなければなりません。**要支援・介護状態の原因となるのは、ほとんどが疾病か外傷です。ケアマネジャーが担当するすべての利用者が医療ニーズを抱えて生活しています。

　具体的には、**利用者の既往歴、現在治療中の病気（状態や症状）、治療の内容および受診している診療科、服用中の薬の作用・副作用、命にかかわるような病気によっては告知の有無、予後はどのような経過をたどるのか**などの情報収集が求められます。利用者・家族からの情報収集だけでなく医療職からこれらの情報を収集することで、利用者・家族の病気の理解も確認できます。そのうえで、医療ニーズを分析していきます。また、医療ニーズで忘れてはならないのはリスクの評価とその予防的視点です。健康状態は利用者の QOL に大きく影響します。利用者の"思い"を尊重するにしても、日常の活動やさまざまな役割を果たすにしても、健康状態を把握しておかないと生命にかかわるような大きなリスクが隠れている可能性があります。

Point 32 　薬の作用・副作用と服薬アドヒアランスの把握をする

　健康状態を把握するうえでもう一つ大切なのは、処方されている**薬の把握と利用者自身や家族の服薬アドヒアランス（納得して服薬を行う）の把握**です。薬には作用と副作用があります。利用者の体質や体力といった個人差によっても副作用の出方は異なります。また、最近ではお薬手帳の普及で複数の主治医をもつことによる重複・多

剤投薬も改善しつつありますが、処方薬の内容および副作用の症状について押さえるとともに、服薬アドヒアランス不良や副作用の症状があれば医師や薬剤師等に相談しなくてはなりません。

※薬そのものは「物的環境」ですが、疾患と一体的に把握したほうがわかりやすいため、「健康」のカテゴリーで整理しています。

column

「適切なケアマネジメント手法」とアセスメント

　ここ数年、介護支援専門員を取り巻く状況のなかで、「適切なケアマネジメント手法」の活用が話題となっています。「適切なケアマジメント手法」は、生活の継続を支援する基盤となる「基本ケア」と、疾患に特有な検討の視点あるいは可能性が想定される支援内容を「脳血管疾患」「大腿骨頸部骨折」「心疾患」「認知症」「誤嚥性肺炎」という疾患の状態像で整理した「疾患別ケア」に分かれています。そこだけを見ると「ケアプランの標準化」を目指しているように見えますが、「適切なケアマネジメント手法の手引き」のなかでは、どのケアマネジャーが担当しても一定の水準のケアマネジメントを提供できるようになるように、仮説をもって情報収集・分析ができるようになることを目指していると記されています。つまり「基本ケア」「疾患別ケア」にある支援内容や支援の概要に対応する必要性があるかどうかを判断するための情報を提示しています。この手法も、アセスメントを行うことの重要性を提案しています。

　「適切なケアマネジメント手法　基本ケア及び疾患別ケア　令和2年度改訂版」（令和3年3月31日　日本総合研究所）には「基本ケア」「疾患別ケア」ごとに、想定される支援内容、支援の概要、必要性だけではなく、適切な支援内容とするための関連するアセスメント項目とモニタリング項目が詳細に記されています。この内容も踏まえ、適切にアセスメントを行うことで、利用者の状態像に合わせて個別化した支援を目指していきましょう。

第1章 インテーク
第2章 アセスメント
第3章 ケアプラン
第4章 サービス担当者会議
第5章 モニタリング
第6章 終結
第7章 実践への活かし方

10 アセスメントの領域 ③心身機能（心身機能障害）・身体構造（身体構造障害）

Point 33　生きるための土台である【体（心身機能・身体構造）】を把握する

Point 34　認知症の行動・心理症状（BPSD）を“語り”として理解する

Point 33　生きるための土台である【体（心身機能・身体構造）】を把握する

　生きるための土台である「体」も重要なアセスメントの対象です。**心身機能とは、精神と身体に備わるすべての機能**です。**身体構造とは、私たちの体そのもののこと**です。

心身機能

　視覚、聴覚、嗅覚、味覚、触覚といった感覚機能については、医師等の専門的な評価が必要ですが、日常の生活（活動）に置き換えて評価することができます。例えば、視覚＝「新聞の見出し程度なら見える」、聴覚＝「耳元で少し大きめの声でゆっくりとしゃべると聞こえる」といったことです。咀嚼・嚥下機能についても、食事形態や食材で、「主食軟飯、副食ソフト食」といった把握の仕方は可能です。身体機能が障害された状態を身体機能障害といいます。下肢筋力低下、左麻痺、難聴といった状態像です。

　筋力についても、臥床した状態から立位、歩行までの基本動作（活動）で評価することができます。

身体構造

　身体構造とは、文字通り「体」です。**特に重要なのが口腔**です。残歯や歯周の状態、舌苔の付着等は、食事の QOL、誤嚥性肺炎等の疾患予防において重要です。

　また、加齢による生理的変化や疾患の合併症状、皮膚、爪の状態（色（末梢の血流障害等）、傷、内出血、乾燥、むくみ、冷感、脆弱性等）の把握も重要です。むくみ

については、目で見て観察する以外に、体重を同じ時間や生活場面で継続して測ることで、日々の変動をいち早く把握できます。

　なお、手足の切断といった構造上の障害を、身体構造障害といいます。

精神機能

　精神機能とは、注意機能、記憶機能、思考機能、計算機能といった、脳のもつ高次脳機能のことをいい、これらが障害を受けることを精神機能障害といいます。抑うつ気分やうつ病、双極性障害などの気分障害、せん妄等の意識障害なども含まれます。障害の程度によっては、日々の活動や役割に大きな影響を与えます。また、治療や服薬アドヒアランス（納得して服薬を行う）、リハビリテーションの目的や内容の理解に支障がある場合には、健康そのものにも影響を与えます。

Point 34　認知症の行動・心理症状（BPSD）を"語り"として理解する

認知症の行動・心理症状（BPSD）

　認知症の行動・心理症状（BPSD）は、「徘徊」「妄想」「粗暴行為」「異食」「仮性作業」「アパシー」「シャドーイング」といった表現で簡潔に申し送られます。目的は、専門職間における「こういった症状があるので注意してください」というリスクマネジメントです。

　では、視点を変えて、**BPSD を利用者の"語り"と理解**してみます。「徘徊」＝「早く家に帰らないと…子どもと主人が待っているの」、「粗暴行為」＝「あなたは誰？　私に触れるのはやめて！（叩く）」、「被害妄想」＝「あったはずのお金がない！盗られた！　どうやって生活していけばいいの！」。これは、**BPSD という"語り"で表出される、心のなかにある"行動の理由"を探り出す**ということです。

第1章 インテーク

第2章 アセスメント

第3章 ケアプラン

第4章 サービス担当者会議

第5章 モニタリング

第6章 終結

第7章 実践への活かし方

11 アセスメントの領域 ④ADL・IADL（活動・活動制限）

Point 35　利用者の24時間（活動）を把握してニーズを導き出す

　活動とは、具体的にはADL（日常生活動作）、IADL（手段的日常生活動作）で、基本動作、入浴、食事、排泄、調理、買い物、金銭管理、仕事、趣味といった日常生活上の行為すべてです。**活動は"人が生きていることそのもの"**です。ICFモデルは、「活動」を中心に人の生きることの全体像をアセスメントすることを重視しています。**利用者の24時間（活動）を把握し、どういった生活場面にどのようなニーズがあるのかを具体的に把握することが支援の土台**となります。

Point 36　ADL・IADL（活動・活動制限）は、人的・物的環境と関係づけて評価する

　ADL・IADL（活動・活動制限）は、人的・物的環境によって違うものになります。例えば、入院中、看護師がいて段差のない環境（人的・物的バリアフリー）でベッドからトイレに行くのと、独居で段差がある居宅環境でベッドからトイレに行くのでは、同じ人の同じ排泄動作でも全く違う活動になります。

　また、在宅における「立ち上がり」でも、ベッドからの立ち上がり、居間のソファーからの立ち上がり、トイレでの立ち上がりは、物的環境が違うので基本動作と

しては違うものになります。たとえ物的環境が同じでも、家族が仕事で不在の日中と、家族が帰ってきた夜間では違うものになります。

Point 37　ADL・IADL（活動・活動制限）はプロセスで評価する

ADL を「自立・半介助・全介助」で評価しているアセスメントシートが散見されますが、これでは利用者のおおむねの状態像をイメージで申し送るに過ぎません。**ADL は、生活場面ごとのプロセスで評価する**必要があります。

例えば、「居間のいすから立ち上がり、廊下を歩いてトイレで排泄して帰ってくる」というプロセス（個別的な環境での一連の動作をどのように実施しているか）で評価しなければ、プロセスのどこが自立していて、どこに支援が必要かは見えてきません。

Point 38　「活動」は「している活動（実行レベル）」「できる活動（能力レベル）」の視点で評価する

ICF モデルでは、**「活動」を「している活動（実行レベル）」「できる活動（能力レベル）」の 2 つの視点からとらえる**としています。

「している活動」とは、実際に行っている生活行為で「実行レベル（実行状況）」とされており、利用者の日常を観察することで把握することができます。

「できる活動」とは、現在はしていないけれど機会さえあれば「できる（能力のある）活動」です。例えば、長年調理から遠ざかっていた認知症の女性が、ホームヘルパーと一緒に包丁を握ったら上手に食材を刻むことができたりするように、遠ざかっていた調理の能力が、しっかりと残っていたりします。

もう一つは、リハビリテーションや機能訓練などの場で、専門職が専門性をもって、多様なリハビリテーション機器なども駆使しながら支援することで「できる活動」です。

「できる活動」は「能力レベル」ともいわれます。

右側ナビゲーション：
第1章 インテーク
第2章 アセスメント
第3章 ケアプラン
第4章 サービス担当者会議
第5章 モニタリング
第6章 終結
第7章 実践への活かし方

よく、「現有（残存）能力を活かす視点が大切」といわれます。これを、ICFモデルでより具体的に考えてみます。

Point 39　「できる活動（能力レベル）」を「している活動（実行レベル）」へ高める

利用者のADL・IADL（活動・活動制限）を評価するには、まず「**している活動（実行レベル）**」を評価します。「している活動」には、「**自立している部分（活動）**」と、自己決定や実行に「**支援を要する部分（活動制限）**」があります。この両方の視点で評価します。

次に「**できる活動**」を模索します。ヒントは**利用者や家族の"語り"から垣間見える「生活史」や「個性」に隠されています**。若い元気な頃に「こんな仕事をしていた」「こんな趣味があった」「こんなところによく出かけていた」など、いわゆる「昔取った杵柄」です。もう一つは、**リハビリテーションや機能訓練場面で「できる活動」を、日常で「している活動」に高める視点**です。理学療法士や作業療法士等に確認したり、実際のリハビリテーション場面に同席することで見えてきます。

「**している活動**」は可能な限り継続し、「**支援を要する活動**」は少しでも「**している活動**」へ、そして「**できる活動**」を「**している活動**」へ高めていきます。

上田敏『ICFの理解と活用』きょうされん、2005年を参考に作成

事例　一時外出における自宅でのアセスメント　　事例で学ぶ

病院での初回訪問後の10月19日、Aさんが病院の作業療法士（以下、OTという）とともに、自宅への一時外出をしました。Aさんが帰宅する少し前に着いたため、自宅周辺の様子を確認すると、歩いて50mほどのところに商店街があり、自宅斜め前にはスーパーがありました。この距離なら買い物に行ける可能性があると考えながら、Aさんの到着を待ちました。

その後、病院のOT同行のもと、Aさんが長女のCさんの車で自宅に到着しました。OTの介助を受けながら車から降り、玄関前の段差を昇降しようとするも、ふらつきがあり難しく、不安定でOTが横で支えながら昇降しました（Point37）。階段の段差を測ると20cmあり、手すりを設置する位置を確認しました（Point38）。その後、玄関内の上がり框も同様で、手すりを設置する必要があるとの意見でした。

一旦リビングのソファーまで移動し、玄関の横にあったプランターについてAさんに「あのプランターでご主人と花や野菜を育てていたんですね」と尋ねると、夫のBさんと花や野菜を育てていたこと、その花で友人と生け花をしていたこと（Point49）、またそのようなことができたら嬉しいと話しました（Point40）。ケアマネジャーからOTに、Aさんの状況で退院後にできる方法はないか確認すると、座って触れるほどの高さまでプランターを上げればできる可能性があること（Point36）、そのためにも外まで安定して歩けるようになる必要があることをAさんに伝えると、「そうね、頑張らないと」といった意欲的な言葉が聞かれました。

その後、Aさんがソファーから立とうとすると、座面が柔らかくなかなか立ち上がれませんでした。その様子を見たOTから、座面がもう少し固く、高さが40cmほどのいすに変更してはどうかとの提案がありました（Point36）。

廊下、トイレ、寝室と確認して手すりを検討し、福祉用具業者に設置が可能か、後日、確認することとなりました。また、OTからトイレに片手で使用しやすいペーパーホルダーを紹介してもらい（Point38）、退院日までに業者とカタログで商品の確認を行っていくこととなりました。

病院では夜間はポータブルトイレを置いていると聞いていたため、退院後の必要性を確認すると、OTより転倒の危険性は減るが、日中も使うと歩行距離が低下して足腰が弱る可能性もあるとの助言がありました。その話を聞いて、Aさんから「私もできるだけ夫の世話にならずに自分でしたいと思っているので、使うのは夜だけにして頑張りますね」との言葉が聞かれました。

ポータブルトイレについては自宅ベッドサイドのスペースの問題もあり、病院で使っているものより一回り小さいものを購入してはどうかとの助言もありました。

最後に、一時外出で確認した住宅改修、福祉用具の活用に関する内容をまとめて伝え、退院当日に間に合うように準備をしていくこととなりました。

第1章 インテーク
第2章 アセスメント
第3章 ケアプラン
第4章 サービス担当者会議
第5章 モニタリング
第6章 終結
第7章 実践への活かし方

アセスメントの領域
⑤役割（参加・参加制約）

Point 40 　「誰かと一緒に」「誰かのために」活動すれば【役割（参加）】になることを理解する

Point 41 　【役割（参加）】は「している役割（実行レベル）」「できる役割（能力レベル）」の視点で評価する

Point 40　「誰かと一緒に」「誰かのために」活動すれば【役割（参加）】になることを理解する

　「役割（参加）」とはどういうものなのでしょう。例えば、調理は活動です。しかし、親が子どものために調理をすると、親としての役割があるので「役割（参加）」のカテゴリーに位置づけられます。家族不在で自分一人でお好み焼きをつくって食べたとすると、その調理は活動です。自分のための調理であれば「活動」ですが、家族のための調理は「役割（参加）」のカテゴリーに位置づけられます。

　役割とは「「誰かと一緒に」もしくは「誰かのために」何か（活動）をすること」と考えてみます。近所の友人が遊びに来てお茶を飲みながらおしゃべりをするだけで、そこには友人としての役割が、孫をあやすだけで祖父母としての役割が存在します。

Point 41　【役割（参加）】は「している役割（実行レベル）」「できる役割（能力レベル）」の視点で評価する

　役割も、活動と同様にどのようなささやかなことでもいいので、誰かと一緒に、誰かのために何かしていないか（している役割・支援を要する役割（実行レベル））を探すと同時に、今はしていないけれど、やる機会さえあればできる（できる役割（能力レベル））ことを探します。今までしていた役割ができなくなることを、「参加制約」といいます。

13 アセスメントの領域 ⑥環境（人的・物的・制度的）

人的環境
Point 42　家族の二面性（社会資源と要援護者）を理解する
Point 43　家族固有の生活や考え方を理解する
Point 44　家族内の人間関係と介入による変化に配慮する
Point 45　個別の面接機会を設ける
Point 46　周囲の人の価値観（考え方）や態度を把握する
Point 47　近隣住民に対する感情を把握する
Point 48　問題にかかわる人や機関の影響を理解する
物的環境
Point 49　居宅は「情報の宝庫」と考える
Point 50　福祉サービス導入（人的・物的環境の変化）の
　　　　　マイナス面を理解する
制度的環境
Point 51　すでに導入されている制度、今後、導入する必
　　　　　要がある制度を把握する

第1章 インテーク
第2章 アセスメント
第3章 ケアプラン
第4章 サービス担当者会議
第5章 モニタリング
第6章 終結
第7章 実践への活かし方

人的環境
　「人的環境」とは、家族や地域住民など、周囲に存在するすべての人です。その人々の個性（性格や考え方）も含めて人的環境です。**利用者との関係性（利用者にとってプラスの側面（促進的）とマイナスの側面（阻害的）の両面）で評価します。**
　人は多様な側面をもっています。利用者と周囲の人たちとの関係性においても、プラスの側面とマイナスの側面が必ずあります。例えば、一生懸命世話をしてくれるので安心できる反面、利用者の「できる活動」を奪ってしまう側面があるといったことです。利用者に対してのプラス面は、人的環境の「強み」となります。

Point 42　家族の二面性（社会資源と要援護者）を理解する

　家族のアセスメントを行ううえで、家族の二面性（社会資源としての一面と、要援護者としての一面）を理解していくことが重要になります。介護保険をはじめとする

社会資源で利用者の24時間を完全に支えることはできませんが、同居家族がいれば、社会資源では補完できない部分を互助として補うことが可能です。しかし、家族を一つの単位として考えた場合、家族の構成員の一人が介護状態になることにより、これまで当たり前だった生活が難しくなります。ケアマネジャーは、家族を「利用者を支える社会資源」と考えるのと同時に、「支援が必要な対象者」であるという、両側面で理解しなければなりません。

Point 43　家族固有の生活や考え方を理解する

　家族が実際にどの程度介護を担う力があるかを評価するには、**利用者を含むその家族が、どのような価値観や信条をもっているのか、お互いのことをどのように思いながら、どのように生活してきたのかといった家族の生活の歴史や関係性を理解**しなければなりません。

　また、そのような生活スタイルや考え方が利用者にとって有効に働いているのか、反対に問題を大きくしているのではないかと注意深く評価する必要があります。「介護は家族がして当然」というルールがあることで、家族が力を合わせて介護している場合もあるでしょう。しかし、他人の力を借りることをよしとしない考え方が、家族の疲弊を招き、家族の生活全体に悪循環を招く可能性もあります。

Point 44　家族内の人間関係と介入による変化に配慮する

　家族のなかで誰と誰が仲がよいのか、あるいは悪いのか、家族の中心は誰かといった家族内での人間関係は、家族がどこまで介護を担えるかに直結します。

　ケアマネジャーが面接を行う際に、頻回に対応してくれる人がキーパーソンであるとは限りません。ケアマネジャーが普段出会わない家族が決定権をもっている場合があります。また、例えば、長男が決定権者であるけれど、長男の妻とその娘の結びつきが強いといった場合もあり、これを家族のなかのサブシステムと呼びます。このように家族を理解していくためには、家族をアセスメントする枠組みをもっておく必要があります。

　さらに、ケアマネジャーがかかわりを開始することで、家族内の人間関係に変化が生じる場合があります。だからこそ、**家族内の人間関係を把握し、介入することによるその変化も意識しながらかかわる**ことが必要になります。

図表2-9　家族のアセスメントの視点

項目	解説
1 この家族はどのような問題を抱えているか	家族が抱えている問題は何か、そしてそれを家族たちがどう受け止めているか、また、家族は機能不全に陥っているのか、その問題以外に家族は何らかの問題に直面しているか、といったことを考える。
2 家族の間にはどのような規則があるか	学校や社会にさまざまな規則があるように、家族にも気がつかないうちに何らかの規則ができている。校則や社則のように明文化されていないが存在している。それらの規則は家族という集団が円滑に生活するために必要な機能的なものであるかどうか、融通性があるのか、規則違反が起こったときにはどのように処理がされるのか。
3 家族システムと外界とのかかわり	家族というシステムが、外部にある親戚、近隣といった人々や、学校、職場などの組織とどのような交流を持っているのか。交流がない家族のシステムを「閉鎖システム」、交流がある開かれた家族のシステムを「開放システム」と呼ぶ。
4 家族内の境界とサブシステム	誰かと誰かだからよい、あるいは何かを共同するといったことができる副次的なシステム。
5 家族内のパワー保持者	パワーの分散、バランス、パワーのシフト、目に見えないパワーの保持者などを明らかにすることによって理解できる。

渡部律子『高齢者援助における相談面接の理論と実際 第2版』医歯薬出版、2011年、pp.71〜73をもとに作成

Point 45　個別の面接機会を設ける

前述したように、家族は利用者を支える存在（インフォーマルサポーター）でもあり、支援を必要とする対象者（要援護者）でもあります。ケアマネジャーは、利用者本人の思いを聞くことを基本としつつ、家族の要望や困りごとを聞くことも求められます。そのときにケアマネジャーが困るのは、両者の意見が異なり、相容れない場合ではないでしょうか。

利用者本位は、ケアマネジメントの基本です。しかし、利用者の要望を優先することで家族の生活が成り立たなくなれば、結果として利用者の利益を失ってしまうことになります。逆に、発言力が強い家族の言うことばかりを聞いてしまうと、利用者の利益を喪失してしまうこともあります。このような場合、**利用者家族と一緒に話を聞くだけではなく、それぞれと個別の面接機会をもち、情報の共通点と差異をすり合わせて考える**ことが重要となります。

Point 46　周囲の人の価値観（考え方）や態度を把握する

人は社会生活において、多くの場合、地域とのかかわりをもっています。周囲でかかわりをもっている人は、利用者を支える有効な社会資源となる可能性を秘めていま

第1章 インテーク
第2章 アセスメント
第3章 ケアプラン
第4章 サービス担当者会議
第5章 モニタリング
第6章 終結
第7章 実践への活かし方

す。しかし、実際に社会資源として利用者の支援をしてくれるかは、交流の有無だけではなく、その地域住民が、利用者や家族と「これまでどのような関係のなかで付き合ってきたのか」、そして「お互いの存在にどのような思い（感情）を抱いているか」によって変わってきます。このような**地域住民のかかわり方や態度、そこに秘める感情を理解していくことで、地域住民が利用者とどのような関係性にあるのかを理解することができます。関係性を把握することで、地域住民がどの程度利用者を支援してくれるかを見定めることができます。**

Point 47　近隣住民に対する感情を把握する

　地域住民が、利用者や家族をどのように見ているかを把握すると同時に、**利用者とその家族が近隣住民に対してどのような思い（感情）を抱いているかを把握**することも求められます。例えば、昔なじみの親しい間柄において、安心して支援を受けることができる反面、親しいからこそ家庭の内容を知られることへの不安や不快な気持ちをもつこともあります。これまで対等な関係だった近隣住民から支援を受けることで、自尊心が低下することもあるでしょう。近隣住民からの支援をどこまで受け入れることができるかは、これまでの地域生活における関係性の積み重ねによります。近隣住民をインフォーマルサポーター（社会資源）として位置づける場合には、事前にこのような利用者、家族の近隣住民に対する思い（感情）を十分に把握する必要があります。

Point 48　問題にかかわる人や機関の影響を理解する

　利用者は、家族や民生委員、地区役員、友人・知人、市役所などの公共機関や、病院、介護保険事業所、近隣の商店など、多くの人や機関とかかわりをもちながら生活しています。**利用者の問題の解決に活用できる人や機関はすべて社会資源と考えた場合、利用者を取り巻く問題解決に向けてかかわってもらえる可能性があります。**

　しかし、人や機関が存在するだけで問題が解決できるかといえばそうではありません。その**人や機関が利用者の問題に対し、よい影響を与えているか、悪い影響を与えているか、または両方の側面を併せもっている可能性があるかを把握していく必要が**あります。このような、**利用者を取り巻く状況を全体的にとらえる手法として、エコマップ**があります。

column

エコマップの作成方法

・各々バラバラに見えるさまざまな情報を見える化しながら統合し、より
理解しやすくするためのツール
・利用者と利用者を取り巻く家族システムや地域システムとの関係を把握
するために生み出された
・外界と利用者の関係が問題の中核になっているときに有効
※家族関係が複雑なケースや地域との交流が難しいケースを担当する場
合、エコマップを作成し、視覚的にケース全体をつかむことができる

【作成手順】
①中央に家族図（ジェノグラム）を記入する
②利用者が関与しているシステム（親戚、友人、地域住民、職場関係、行政
関係、学校関係、趣味関係、宗教団体、店舗、健康・医療、福祉機関、経
済機関等）など、本人がかかわる関係機関や人を周囲の円の中に記入する
③利用者と、周囲の人や関係機関との間で、資源やサポートの流れていく方
向や強弱を矢印で示し、その関係が「強い結びつき、弱い結びつき、あつ
れきあり」のどれかを図表の左下の記号に従い書き込む

図表 2 - 10　エコマップの例

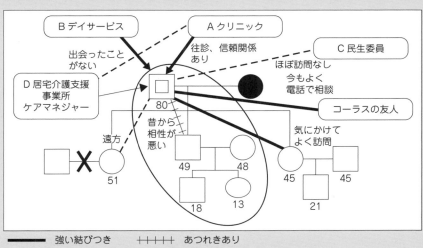

渡部律子『高齢者援助における相談面接の理論と実際 第2版』医歯薬出版、2011年を参考に作成

第1章 インテーク
第2章 アセスメント
第3章 ケアプラン
第4章 サービス担当者会議
第5章 モニタリング
第6章 終結
第7章 実践への活かし方

物的環境

　物的環境とは、人の周囲に存在する「物」すべてです。福祉用具、薬、ベッド、トイレ、机といった家の中に存在する物、家屋、道路、店舗、病院、公園、都市部、中山間地域といった地域環境、山、川といった自然環境です。

Point 49　居宅は「情報の宝庫」と考える

　物的情報のなかでも、**利用者の自宅は「情報の宝庫」**といえます。生活の支障になる段差や階段などのリスクの大きい箇所の把握や、廊下やトイレ、浴室などが利用者に適した環境であるかどうかの把握は重要です。また、自宅周辺の坂道や段差、商店や病院までの距離、移動手段の有無といった情報も、利用者がどのように生活をしているのかを考えるうえで大切な情報となります。

　また、自宅を見ることは、今までどのように生活をしてきたかを把握するための重要な情報源となります。何気なく飾ってある絵や手芸品などは、その人の趣味や楽しみなど、人となりを教えてくれます。また、柱の手垢や玄関先の靴などからは、介護が必要になってからその人なりにどのように問題を解決しようとしていたかを読み取れます。居宅という物的な環境から「現在の生活状況」に加えて、「生活史」や「利用者が何に価値を感じているか」といった個性までもが見えてくるのです。

Point 50　福祉サービス導入（人的・物的環境の変化）のマイナス面を理解する

　ケアマネジャーは、利用者の課題解決のために環境面にもアプローチを行います。人的な社会資源の導入だけでは24時間を完全にカバーすることは難しいため、環境を改善することは重要です。

　しかし、環境面へのアプローチは利用者にとってマイナス面もあります。例えば、転倒のリスクが高いという理由でポータブルトイレを導入すると、安全に排泄が行えるようになります。しかし、毎日のトイレまでの歩行がなくなることで活動性が低下すれば、心身の機能低下に悪循環する可能性があります。また、通所や滞在型のバリアフリーの環境での生活に慣れてしまうことで、自宅での段差がある、手すりがないなどの環境での活動が行えなくなる可能性があります。**サービスには利用者の生活を便利にする、負担を軽減するといった有益な面があるとともに、サービスを導入することで「活動」を失う可能性があることを理解し、失う可能性がある活動について、**

どのように補完していくかを考えていく必要があります。

制度的環境

　制度的環境には、利用者の支援に活用できる、フォーマル、インフォーマルを含むすべての制度が含まれます。ケアマネジャーは、社会資源としての制度を利用者一人ひとりに活用できる可能性、活用方法を含め、アセスメントを行う必要があります。

Point 51　すでに導入されている制度、今後、導入する必要がある制度を把握する

　制度というのは多様です。**フォーマルサービス（公的サービス）**では、介護保険制度、医療保険制度、年金制度、各種障害者手帳、生活保護制度、成年後見制度等の国の制度や、高齢者大学、介護予防・日常生活支援総合事業のように市町村レベルで独自性のあるものもあります。また、**インフォーマル（非公式）なサポート**では、ボランティア活動、高齢者の地域見守り活動、独居高齢者の集い、認知症カフェといった、その地域独自の取り組みがあります。すでに**どのような制度が導入されているのか、残された問題状況に対し、今後、どのような制度を導入する必要があるのか、また制度やサポートの限界等についても整理**しなければなりません。**介護保険制度やその他の制度を導入してもなお解決できないような問題状況があるならば、多くの利用者に共通する地域全体の問題である可能性**があります。そのような問題は、事例を積み重ねるなかで、共通課題として地域ケア会議等で蓄積し、新たな制度やネットワークをつくり出すことが求められます。

第1章 インテーク

第2章 アセスメント

第3章 ケアプラン

第4章 サービス担当者会議

第5章 モニタリング

第6章 終結

第7章 実践への活かし方

14 アセスメントの領域 ⑦個性・生活史

Point 52　利用者の生活史と「強さ」を理解する

　利用者の人となりを理解していくためには、**利用者の生活史に耳を傾ける**ことが重要です。利用者は何らかの理由で介護が必要な状態となって支援を求め、ケアマネジャーと出会います。しかし、利用者の"語り"のなかにある、どのように生きてきたか（人生が一番輝いていた時期など）、自慢話や苦労話などを聞かせてもらうことにより、「支援が必要な人」から、「その人らしさがある、一人の人」として受け止めることができるのです。なかには生活史を語らない（語れない）人もいますが、そのような場合も、自宅へ訪問したときの様子や、家族や近隣の人に聞くなど、さまざまな方法でできる限り利用者について把握していく必要があります。**生活史に関する情報を理解していることで、利用者の望む暮らしを一緒に考えることができるのです。**

　さらに、ケアマネジメントを行ううえで、「強さ・力」に着目するストレングスモデルの視点はよく知られており、「個人の属性（性質・性格）」「才能・技能」「関心・願望」「環境」の４つの視点があるといわれています。（チャールズ・A・ラップ、リチャード・J・ゴスチャ、田中英樹監訳『ストレングスモデル―精神障害者のためのケースマネジメント 第2版』金剛出版、2008年）

　このような「強さ」は生活の歴史に根差していることが多く、過去に取り組んできたこと、成し遂げたことといった成功体験や、自尊心が高まる役割体験などを聞かせてもらうことは非常に重要です。また、**周囲の人とどのような関係をつくってきたかを教えてもらう**ことも重要です。生活史を聞かせてもらうことで、利用者自身の考え方や大切にしてきたことを教えてもらうことにもつながり、利用者一人ひとりに合わ

せ、今後どのように支援していくかを考えていくことができるのです。

第1章 インテーク

第2章 アセスメント

第3章 ケアプラン

第4章 サービス担当者会議

第5章 モニタリング

第6章 終結

第7章 実践への活かし方

Point 53　これまでの利用者の試みを把握する

　利用者は困りごとや問題があってケアマネジャーのところに支援を求めてきます。利用者は自分なりの方法を考え、工夫して問題に対応している場合もあれば、どうしてよいかわからず何もしていない場合もあります。その**問題の解決に向けて、利用者や家族がどのような試みを行ってきたか、あるいは行っていないのかを把握する**必要があります。

　また、現在の問題だけではなく、利用者自身が**過去に経験した大きな問題に対してどのような取り組みを行い、その結果どうなったかを把握**する必要もあります。ケアマネジャーが**利用者の問題対処への力や特徴を把握**することは、今後の問題解決に向けて、個別の解決方法を考えていく際の参考になります。

Point 54　利用者のライフステージを意識する

　利用者の**年齢等からライフステージを意識し、問題がどのような発達段階や人生周期で起こっているかを把握する**視点も必要であるといわれています。人はその年代に応じてそれぞれ特有の課題があるとされており、心理学者である**エリクソンは、8つの発達段階**に分けて説明しています。

図表 2 - 11　エリクソンによる 8 つの発達段階

段階	年齢	時期	心理的課題
第 1 段階	0〜2 歳	乳児期	基本的信頼 vs 不信
第 2 段階	2〜4 歳	幼児前期	自律性 vs 恥、疑惑
第 3 段階	4〜5 歳	幼児後期	積極性 vs 罪悪感
第 4 段階	5〜12 歳	児童期	勤勉性 vs 劣等感
第 5 段階	13〜19 歳	青年期	同一性 vs 同一性の拡散
第 6 段階	20〜39 歳	初期成年期	親密性 vs 孤独
第 7 段階	40〜64 歳	成年期	生殖 vs 自己吸収
第 8 段階	65 歳〜	成熟期	自己統合 vs 絶望

E.H. エリクソン、J.M. エリクソン、村瀬孝雄・近藤邦夫訳『ライフサイクル、その完結 増補版』みすず書房、2001 年、p.34 図式 1 およ
び pp.149〜165 をもとに作成

利用者の多くは高齢者です。しかし、前期高齢者と後期高齢者とでは起こりうる問題は変わってくる可能性があります。また、30代と60代では介護の生活への影響は全く違うものになります。この項目は、利用者から情報を教えてもらうのではなく、年齢や置かれている状況から把握していく項目です。まずは年代を意識し、どのような課題があるかを想像しながら、利用者の個別性を把握していくことが重要になります。

Point 55　【個性・生活史】とは「性別、人種、年齢、生活様式、習慣、性格等と生活史」と理解する

　個性とは、性別、人種、年齢、生活様式、習慣、性格といったもの、生活史も含まれます。

　「個性・生活史」も、ほかのカテゴリー同様にプラスとマイナスの両面で評価する必要があります。例えば、性格は「世話好き」と「おせっかい」、「引っ込み思案」と「思慮深い」といったように、プラスにもマイナスにもとらえることができます。生活史においても、「父親を早く失ったことは不幸だけど、そのために必死でがんばって今の自分がある」と考えているとするならば、父親の早世というアクシデントに、後の人生においてマイナスに働いた面とプラスに働いた面の両側面があると理解できます。

　個性・生活史で特に重要な視点は、利用者のとらえ方（主観）で同じようなインシデントでもプラスにもなればマイナスにもなること、加えて、配慮しなければならない面と、今の生活をよりよいものにするための"強み"の両方が隠されていることです。「配慮しなければならない面」とは、例えば、利用者が思い出したくない、触れられたくないといったトラウマになっているような出来事などです。"強み"とは、「昔取った杵柄」や「大好きなこと」「自慢話」などです。仕事や趣味で継続していた、楽しみながらしていた活動・役割は無理なくできることが多く、「今」に活かせるものが多いのです。そういう意味では、"生活史は「強み」のネタの宝庫"といえます。

事例　最初に健康状態（疾患）の把握　　　　　事例で学ぶ

ここまで7領域の解説をしてきました。アセスメントをするうえで、「アセスメントの領域②健康状態（疾患）」（p.44）でも解説しているように、最

第**1**章
インテーク

第**2**章
アセスメント

第**3**章
ケアプラン

第**4**章
サービス
担当者
会議

第**5**章
モニタリング

第**6**章
終結

第**7**章
実践への
活かし方

初に健康状態（疾患）の情報を収集し、把握することが大切です。

Aさんは、脳梗塞を発症し、治療後、リハビリテーションをして退院となります。ベースに脂質異常症、高血圧症があり、脳血管性認知症とも診断されています。

ケアマネジャーはまず、これらの病気についてどのような病気なのか基礎的なことを知ったうえで、Aさんの状態や症状、治療の内容、内服薬の作用・副作用、退院後に気を付けなければならない症状、状態（リスク）を医師等から情報収集しなければなりません。その際は、脳梗塞の再発予防をすることが重要です。目標血圧値は130／80mmHgで安定していますが、時々、170mmHg以上になることがあるため、定期的な血圧測定が必要です。また、脂質異常症もあるので、食事療法が必要です。認知機能も低下しているため、薬をきちんと飲めているかの確認も必要です。

事例で学ぶ

事例　退院前カンファレンス後の本人、家族へのアセスメント

10月20日、病院を再度訪問し、退院前カンファレンスに出席しました。

Aさんは、脳梗塞を発症し、治療後、リハビリテーションをして退院となること、ベースに脂質異常症、高血圧症があり、血管性認知症とも診断されていること、また、Aさんの状態や症状、治療の内容、内服薬の作用・副作用、退院後に気をつけなければならない症状、状態（リスク）などについて、病院関係者に情報収集を行いました。

具体的には、脳梗塞の再発予防をすることが重要で、目標血圧値は130／80mmHgで安定していますが、時々、170mmHg以上になることがあるため、定期的な血圧測定が必要とのことでした。また、脂質異常症もあるため、食事療法が必要で、認知機能も低下して

Point31、32
はじめに疾患や服薬といった医療情報について病院関係者に確認している

いるため、薬をきちんと飲めているかの確認が必要とのことでした。

カンファレンスの内容を念頭に置きながら、引き続き、病院内でご本人のAさん、夫のBさん、長女のCさんとアセスメント面接を行いました（アセスメント②）。

ケアマネジャー：「それでは、先ほど先生をはじめ病院関係者の皆さんから教えていただいた内容をもとに、自宅に帰ってからどのように生活していくのかを一緒に考えていきたいと思います。時間は1時間ほどと考えていますがいかがでしょうか？」

Aさん：「はい、よろしくお願いいたします」

ケアマネジャー：「もし途中でお話をするのがしんどいようなら遠慮なくお伝えくださいね。まずは先ほど先生からもお話があった、健康状態のことについてお伺いしたいと思います。自宅に帰ってからの健康に関することで、一番気がかりなことはどのような内容ですか？」

Aさん：「左足が分厚い靴下を履いているような感じで、つま先が上がりにくくて、転倒しないか心配なんです。ここの病院（I病院）に来てからは、リハビリの先生によくしてもらって、ずいぶんと歩けるようにはなってきたんです。でもその前の病院でのことはあまり覚えていなくて。ただ、病院の中は車いすを使っていますし。夫は今まで家事はしたことがないうえに、病気があります。家のことは今まで私がしてきているので自分でできれば

Point33
心身機能・身体構造の状況と注意点の情報提供を受けている

Point19
改めてケアマネジャーの役割とアセスメントの目的を説明している

Point20
今後の予定を、時間を伝えて理解してもらう

Point23
配慮を伝えることで、援助関係づくりを意識する

Point31
まず、健康（疾患）について確認している

Point28
利用者が感じている問題や主観的現実世界を自由に話す機会をつくっている

第1章 インテーク

第2章 アセスメント

第3章 ケアプラン

第4章 サービス担当者会議

第5章 モニタリング

第6章 終結

第7章 実践への活かし方

と思っているのですが…どちらにしても、病気が再発しないように気をつけないといけないと思っています」

ケアマネジャー：「ご主人はいかがですか？」

Bさん： 「私も関節リウマチがあってね、手足の指や膝のこわばりがあって、どこまで介護ができるか心配なんです。妻には負担をかけたくはないと思っているのだけれど、今まで家事もそれほどしたことはないし、まだ若いから何とか体を動かして元気になってほしいと思うのだけれど、そんなことは可能なんでしょうか」

ケアマネジャー：「Aさんは、ご主人のためにも、病気の再発と転倒に気をつけながら、今までやってきた家事を退院後も行っていけたらとお考えだけれど、病気のこともあるので不安もあるということですね。どこまで元気になるかはご病気のことについて先生がどのように言われていたかにもよるとは思うのですが、どのように話されていましたか」

・─ Point16、17
利用者の思いを想像し、その内容を整理して伝えている

・─ Point28
利用者の「問題」のなかで病気に対する理解を質問することで、病識を確認している

Aさん： 「先生からは同じ病気を繰り返さないように、血圧が高くなり過ぎないようにすること、そのためには食事に気をつけるようにと言われています」

Cさん： 「お母さん、薬もきちんと飲まないといけないって言われていたんじゃないの？」

Aさん： 「そうだったね、気をつけないと」

Cさん： 「もう、忘れないでね。本当に大丈夫かしら」

ケアマネジャー：「娘さんもご心配なところですよね、B

　　　　　　　さんはいかがですか？」

Ｂさん：　　「先生は脂っこいものや塩分が多いもの
　　　　　　は控えるようにと言っていたんだけれ
　　　　　　ど、私も今まで家事はしたことがないし
　　　　　　…」

ケアマネジャー：「再発予防のために塩分と脂っこいもの

　　　　　　は控えめにすること、薬をきちんと飲む
　　　　　　ことが大切だと言われたけれど、Ａさん
　　　　　　は病気で体のことも心配だし、Ｂさんは
　　　　　　今まで調理をしていないので不安がある
　　　　　　ということですね。でも、自宅に帰って
　　　　　　家族のためにまた家事ができるようにな
　　　　　　ればよいですね。娘さんのＣさんは、
　　　　　　ほかに心配な点はございませんか」

Point40
退院後の役割について
働きかけている
Point42
家族がどこまでできる
か確認している

Ｃさん：　　「私も妹のＤも市内に住んでいるので、

　　　　　　何とかしたい気持ちはあるのですが、仕
　　　　　　事もあってそんなには行けないと思いま
　　　　　　す。父は家事があまり得意ではないので
　　　　　　手伝えたらとは思うのですが、母の体の
　　　　　　こともあるし。まずはしっかりとリハビ
　　　　　　リをしてもらえたらと思っているのです
　　　　　　が」

ケアマネジャー：「家事をしてもらえたらとの思いと、ど

　　　　　　こまでできるのか、そのためにはリハビ
　　　　　　リは必要ではとお考えということです
　　　　　　ね。どこまでできるかを考えていくため
　　　　　　にも、もう少しお体のことを聞かせても
　　　　　　らえたらと思うのですが、よろしいで
　　　　　　しょうか」

Point22、29
問題の具体的な特徴を
深めていくために、質
問を行っている

以降、アセスメントに必要な情報収集を継続して行う。

15 アセスメントのステップ 2 〜情報の分析・統合からニーズの"見える化"

第1章 インテーク

第2章 アセスメント

第3章 ケアプラン

第4章 サービス担当者会議

第5章 モニタリング

第6章 終結

第7章 実践への活かし方

Point 56　ニーズは「問題」と「課題」の両方の視点で導き出す

　ニーズの概念はさまざまで、適した日本語訳はなく、そのままニーズと表現されているのが一般的ですが、**ニーズは「問題」と「課題」の両方を含む概念**と定義してよいと考えます。「問題」は、「状態や環境が理想的でないことの原因」と考えることができます。それに対して「課題」は、理想的な状態や環境と現状との差を埋めるための「目標」や「取り組み」と考えることができます。例えば、「転倒を繰り返し、一人でトイレに行けない」のは問題状況、「安心してトイレに行ける、もしくはトイレに行けるように環境を整備する」が目標です。この両方の視点をもってニーズと表現できます。

Point 57　ニーズは「見立て」と「手立て」の橋渡しと理解する

　利用者の情報を整理し、分析・統合して導き出されたニーズは、利用者の「見立て」のゴールです。ニーズが導き出されると、そのニーズに対して「利用者の目標」を設定します。ここからが「手立て」のスタートです。目標が決まったら、「誰が、いつ、どこで、何を、どのように」を明確にしながら手立てを組み立てていきます。**ニーズは、この「見立て」と「手立て」の橋渡しの役割をします。**

図表 2 − 12　ニーズはアセスメントの「見立て」と「手立て」の橋渡し

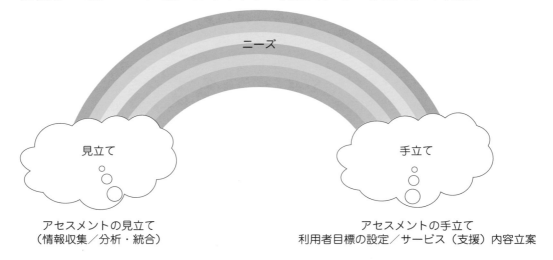

アセスメントの見立て
（情報収集／分析・統合）

アセスメントの手立て
利用者目標の設定／サービス（支援）内容立案

Point 58　潜在化しているニーズを顕在化する

　ニーズは、利用者、家族、多職種等、誰の目から見ても現時点で明らか（顕在化）
な問題状況や課題がありますが、加えて**ケアマネジャーもしくは利用者どちらか一方**
に潜在化しているニーズがあります。例えば、利用者や家族が言えないでいる家族の
関係性のニーズは、ケアマネジャーにとっては潜在化してしまっています。逆に、専
門性に基づいたニーズについては、高齢であったり、認知症で理解しにくく、利用者
にとって潜在化してしまう場合もあります。このようなニーズは、信頼関係を構築し
たり、繰り返し丁寧な説明をすることで可能な限り明確にし、共有していくことが求
められます。

Point 59　現状のニーズから見通し（推察）のニーズを導き出す

　利用者の現状においての明らかな問題状況（機能・構造障害、活動制限、参加制
約、環境の阻害的要因等）として確認できるニーズや、その反対に強み（現有機能・
現有能力・実際にしている役割等、周囲の人や物的な環境）として確認できるニーズ
があります。**ケアマネジャーは、まず現状において明らかなニーズを導き出します。**
　次に、**現状明らかなニーズをもとに、今後の見通し（推察）レベルにおけるニーズ**
を導き出します。例えば、現状のまま何も手立てを打たなかったら、病気や障害がど
のように悪化する可能性があるか、反対に適切な手立てを打てば、どのように改善す

る可能性があるかといったことです。現状明らかなニーズをベースに見通しのニーズを立て、両方のニーズをもとに目標の設定と手立てを考えることになります。

図表 2 － 13　現状のニーズと推察のニーズから目標と手立てを導き出す

目標（の設定）

手立て（を考える）

現状のニーズ
問題
力（現有能力や環境の強み等）

今後の見通し（推察）のニーズ
・問題状況の影響で、今後どのように生活が悪化する可能性があるか
・力（現有能力や環境の強み等）を活かすことで、今後どのように生活が改善する可能性があるか

Point 60　障害で意向を示すことが困難な利用者はアドボカシー（代弁）によりニーズを導き出す

　心身機能障害により、認知症や寝たきり等の状態で、要望を正確に他者に伝えることが難しい（言語による"語り"を失ってしまった）利用者については、ケアマネジャー等が、**利用者にとって最も利益・福祉になると推察されるニーズを、アドボカシー（代弁）により導き出さなければなりません。**家族がいる場合には、家族からの要望も鑑みながらニーズを導き出します。

Point 61　ニーズを分析・統合する

○情報の分析・統合のイメージをつかむ

　7領域でもれなく情報を整理した後は、**利用者の"生きることの全体像"を理解しなければなりません。**これは、**アセスメントのステップ2である「情報の分析・統合」のプロセスです。**

　ICFの概念図では、各カテゴリーが小さな矢印で結ばれています。これは、各カテゴリー同士が影響され合う（相互作用）ことを示しています。そして、大きな矢印でICFの概念図（客観的現実世界（客観的QOL））に加えて、「その人が生きている主観的現実世界（主観的QOL）」の枠組みが相互に作用していることを表しています。

第1章 インテーク

第2章 アセスメント

第3章 ケアプラン

第4章 サービス担当者会議

第5章 モニタリング

第6章 終結

第7章 実践への活かし方

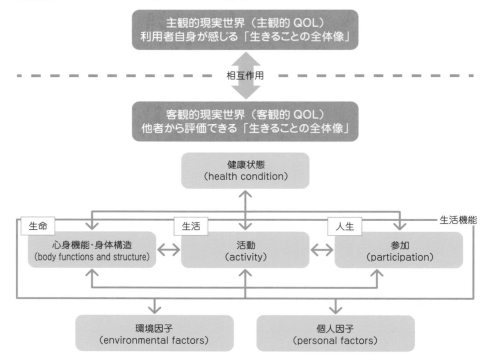

図表 2 - 14 アセスメントの 7 領域

主観的現実世界（主観的 QOL）
利用者自身が感じる「生きることの全体像」

相互作用

客観的現実世界（客観的 QOL）
他者から評価できる「生きることの全体像」

健康状態
（health condition）

生活機能

生命

生活

人生

心身機能・身体構造
（body functions and structure）

活動
（activity）

参加
（participation）

環境因子
（environmental factors）

個人因子
（personal factors）

『ICF 国際生活機能分類－国際障害分類改定版』中央法規出版、2002 年、p.17 をもとに作成

（1）ニーズを "見える化" する

7 領域ごとにニーズを導き出した後は、これらの**ニーズをつなぎ合わせて、利用者の日常生活（24 時間）に落とし込む**ことで、ニーズを "見える化" していきます。

（2）なぜ "見える化" しなければならないのか

ケアマネジメントモデルは、利用者、家族、多職種等が一体的にニーズの達成に向けてチームで動くことが最大の特徴です。実践において、チームメンバーがニーズや目標を個々バラバラに理解していたのでは、手立て（支援）もバラバラになってしまい、自立に向かうことができません。**ニーズを "見える化" するということは、支援のエビデンス（根拠）を明確にすること**なのです。そのためのツールがケアプランです。よく「ケアプランがうまくつくれない」という声を耳にしますが、それは、情報の分析・統合のプロセスがよく理解できていないことに原因があります。

7 領域を "見える化" することで、①漏れのない情報収集と整理、②ニーズの分析、③ニーズの統合という 3 つのポイントが見えてきます。

（3）ニーズを分析・統合する

　7領域でニーズを導き出した後には、ニーズを統合することで利用者の生活の全体像を理解します。例えば、図表2－15は、Aさんが「手伝ってもらいながら家事をする」という生活場面を達成するのに必要なニーズを、7領域において導き出したニー

図表2－15　Aさんのニーズの「分析・統合」のイメージ

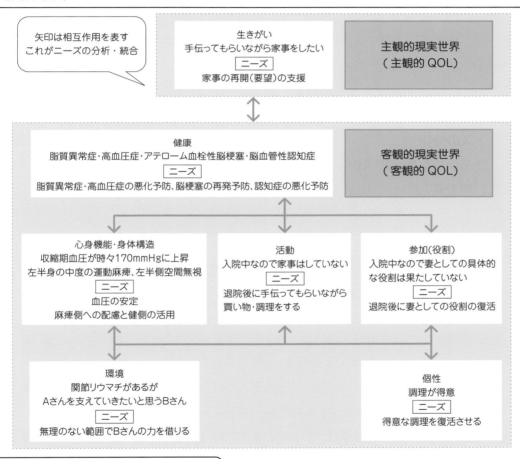

> ここでは「手伝ってもらいながら家事をしたい」という生活場面（妻としての役割）を例にして解説します。

矢印は相互作用を表す
これがニーズの分析・統合

生きがい
手伝ってもらいながら家事をしたい
ニーズ
家事の再開（要望）の支援

主観的現実世界
（主観的QOL）

健康
脂質異常症・高血圧症・アテローム血栓性脳梗塞・脳血管性認知症
ニーズ
脂質異常症・高血圧症の悪化予防、脳梗塞の再発予防、認知症の悪化予防

客観的現実世界
（客観的QOL）

心身機能・身体構造
収縮期血圧が時々170mmHgに上昇
左半身の中度の運動麻痺、左半側空間無視
ニーズ
血圧の安定
麻痺側への配慮と健側の活用

活動
入院中なので家事はしていない
ニーズ
退院後に手伝ってもらいながら買い物・調理をする

参加（役割）
入院中なので妻としての具体的な役割は果たしていない
ニーズ
退院後に妻としての役割の復活

環境
関節リウマチがあるが
Aさんを支えていきたいと思うBさん
ニーズ
無理のない範囲でBさんの力を借りる

個性
調理が得意
ニーズ
得意な調理を復活させる

ニーズの分析
Aさんは、脳梗塞で入院中で、脳血管性認知症もあるけれど、退院後は再び買い物や調理がしたいと願っているわ…。BさんもAさんを支えていきたいと思っている。Aさんは調理が得意だったとBさんは言っていたわ。

ニーズの統合
脳梗塞の再発予防や認知症の進行予防、左半身の運動麻痺に配慮しながら家事を復活させるには、どんな目標が必要かしら…。

ズからピックアップして分析・統合したものです。つまり、**生活場面を明確にして**
ニーズを分析・統合すると整理がしやすいというところがポイントとなります。

（4）「目標」を設定し「手立て」を考える

　Ａさんは、脳血管性認知症や左半身の麻痺等があるため、入院前と同様に家事をす
ることは困難です。そこで、より具体的に「手伝ってもらいながら家事をしたい」と
代弁しました。夫のための家事でもあるわけですから、妻としての役割の復活という
ことになります。今のライフステージにおいてのＡさんのQOL（生活の質）を改善
するという目的も背景にはあります。Ａさんのこの"思い（要望）"におけるニーズ
を達成するための「目標」と「手立て」について考えていきます。

　「手伝ってもらいながら家事をしたい」というＡさんの要望を達成するために、7
領域においてニーズを導き出して分析した結果が、以下になります。

> ### ニーズの分析
> Ａさんは、脳梗塞で入院中で、脳血管性認知症もあるけれど、退院後は再び
> 買い物や調理がしたいと願っている。Ｂさんも Ａさんを支えていきたいと
> 思っている。Ａさんは調理が得意だったとＢさんは言っていた。

そして、ニーズを統合させると、以下のようになりました。

> ### ニーズの統合
> ・脂質異常症・高血圧症の悪化予防、脳梗塞の再発予防のために塩分や脂肪
> 　分の多い食事に注意する。
> ・認知症の進行予防のために、できるだけＡさんの現有能力を活かして心身
> 　機能（認知機能、健側の身体機能等）を維持・改善する。
> ・認知症や左半身の運動麻痺等の機能障害や、高齢の夫に配慮した人的支援
> 　や物的環境の整備をしながら、Ａさんの得意であった調理を復活する。

　次は、アセスメントのステップ2です。「手伝ってもらいながら家事をしたい（す
る）」というニーズに対し、「目標」の設定と「手立て」および「担当」を考えていき
ます。ケアプランの項目で詳しく説明しますが、「目標」は評価（モニタリング）が
可能となるような具体性が求められます。誰から見てもわかる具体性をもたせた目標

にするには、生活場面を明確にして設定するのがポイントとなります。

　長期目標は、「ホームヘルパーに手伝ってもらいながら食事をつくる」「夫に手伝ってもらいながら家事をする」としました。短期目標は、より具体的な目標として生活場面を明確にして設定しました。

長期目標・短期目標

ホームヘルパーに手伝ってもらいながら食事をつくる

手立て

作業療法士と調理方法を検討し、器具、食器を導入します。ホームヘルパーと一緒に好きなちらし寿司や煮物などを調理しましょう。Aさんの調理のレパートリーを少しずつ増やします。塩分、脂肪分の多い食品は控え、けがに注意しましょう。

　Aさんは、中等度の左片麻痺、左半側空間無視、左半側身体失認、脳血管性認知症といった心身機能障害があります。現有機能を活かしながら、機能障害をフォローするための環境アプローチが必要です。その1つは、ホームヘルパーという人的環境です。さすがに調理経験のほとんどないBさんに一緒に調理をしてもらうのには無理があると判断しました。Aさんの能力を見極めながら、少しずつ調理のレパートリーを増やしていきます。これは、「できる調理（能力レベル）」を発掘し、「している調理（実行レベル）」に高めるという考え方です。同時に、調理用福祉用具等の導入を考えました。左片麻痺で調理をするには、本人の努力だけでは難しいものがあります。加えて、扱い方の練習、その他環境整備等のために作業療法士の力を借ります。ここでも新たな人的環境と物的環境の導入という考え方になります。

　好物のちらし寿司や煮物は、調理をするという動機づけを高めます（個性の強みを活かす）。ただし、Aさんには、脂質異常症、高血圧症という基礎疾患があり、合併症で脳梗塞を発症しているので、食事では塩分や脂肪分に配慮しなければなりません。また、前述した心身機能障害があるので、けがなどに対する注意が必要です。調理場面でも、健康と機能障害のリスクは常に念頭に置いておきます。

第1章 インテーク

第2章 アセスメント

第3章 ケアプラン

第4章 サービス担当者会議

第5章 モニタリング

第6章 終結

第7章 実践への活かし方

> **長期目標**
> 夫に手伝ってもらいながら家事をする
> **短期目標**
> 夫とスーパーＹに買い物に行く
> **手立て**
> 当面は、ご主人と車いすで買い物に行きましょう。Ｃさんとあらかじめ購入食材を考えましょう。脱水に注意し、水分を持参しましょう。食材選びや支払いをしましょう。塩分や脂肪分を控えた食材を購入しましょう。
> 転倒等の事故に気をつけましょう。

　短期目標は「夫とスーパーＹに買い物に行く」としました。将来的には歩いて買い物に行くのが目標ですが、歩けるようになるのを待っていては、当面の間、買い物に行く機会を失うことになります。とりあえず、車いすで買い物に行くことにしました。ICF モデルでは、このような考え方を **「相対的独立性」** といいます。これは、**「心身機能障害」と「活動」を切り離して考える** ということで、**障害を克服するのを前提とするのではなく、障害があるのを前提として社会参加を進めていく** という考え方です。妻としての役割の復活が目標です。役割の復活は、Ａさんの QOL を大きく高めます。

　食材選びは、Ａさん、Ｂさんだけでは難しいものがあるので、あらかじめＣさんに手伝っていただきます。買い物の場面では、Ａさんの現有能力を最大限活用できるようにＢさんにお願いして、食材選びやお金の支払いをしてもらおうと思います。主に認知症の改善を目的としたアプローチです。また、疾患に配慮して塩分や脂肪分を控えるように依頼しています。左片麻痺や半側空間無視等の障害があるうえに、Ｂさんも高齢なので事故に注意するように依頼しています。

　最後に、高血圧、脳梗塞の既往があるため、脱水に注意し、水分を持参してもらうように依頼しています。

> **短期目標**
> 洗濯物たたみや机の拭き掃除をする

第1章 インテーク

第2章 アセスメント

第3章 ケアプラン

第4章 サービス担当者会議

第5章 モニタリング

第6章 終結

第7章 実践への活かし方

> 手立て
>
> 洗濯物たたみや、居間、キッチンの机の拭き掃除をしましょう。転倒等の事故に注意しましょう。

　無理のない範囲で、座位で洗濯物たたみや机の拭き掃除という活動の復活を目指します。心身機能の改善とともに、**妻としての役割の復活**を目指します。機能障害に配慮して、転倒やいすからの転落等の事故に注意を促しています。

事例で学ぶ

事例　病院でのアセスメント面接終了時
（10月20日のアセスメント②の続き）

健康状態の確認から、自宅へ帰っての生活に対する希望と不安、これまでの生活や家族のことなどを聞かせてもらい、アセスメント面接も終了に近づいてきました。

ケアマネジャー：「今日は長時間にわたりお話を聞かせていただきましてありがとうございました」

Aさん、Bさん、Cさん：「ありがとうございました」

ケアマネジャー：「Aさん、お疲れになっていませんか」

Aさん：　　　「はい、大丈夫です」

ケアマネジャー：「今日は、Aさんの今の体調と、不安もありますが、体を治して自宅へ退院してからの、家事をしたり、外出や趣味ができればという思い、またBさんの関節リウマチなどの体調の不安はあるけれどAさんを支えていきたいという思い、Cさんのリハビリをしっかりしてほしいことと、お父さんのためにも調理を手伝ってほしいという自宅へ帰ってからの生活に対する思いを聞かせていただくことがで

Point23
いたわりの言葉を伝えることが、関係性づくりを促進する

Point28
面接終了時に、アセスメントで利用者、家族に語ってもらった内容をまとめて伝えている。この内容が、ケアプラン第1表の利用者及び家族の生活に対する意向を踏まえた課題分析の結果につながる

きました。私なりにまとめてみましたが
よろしいでしょうか？」

Aさん、Bさん、Cさん：「はい、大丈夫です」

ケアマネジャー：「具体的には、脳梗塞が再発しないよう
に、定期受診を行いながら、看護師さん
に来てもらい、日々の健康管理を行って
もらったらどうかという話だったかと思
います。Aさん、Bさんは忘れずにお薬
を飲んでいただければと思いますが、よ
ろしいですか？」

Bさん：「薬の管理は私がするので、大丈夫です」

ケアマネジャー：「Aさんもよろしくお願いしますね」

Aさん：「はい、忘れずに飲むようにがんばります」

以下、アセスメント面接のなかで話し合ったAさんの
退院後の生活課題と具体的なサービス内容について、
まとめながら確認していく。

ケアマネジャー：「仕事や子育てに奮闘しながら、Bさん
を支えてきたAさんが希望されるとお
り、主婦として家事を再びできるよう
に、また、Bさんが健康の不安がありな
がらもAさんを支えていけるよう、退
院後すぐなので健康管理と日常生活の組
み立てをサービスを使いながら行ってい
けるように考えていきますね」

Aさん、Bさん：「はい、よろしくお願いします」

ケアマネジャー：「先日、自宅へお伺いした時にリハビリ
の先生と相談した手すりの設置や福祉用
具の購入については、業者さんを決めて

Point56、57
アセスメントで得た情報から見立てたニーズと、その手立てとして話し合った具体的なサービス内容を共有している。この内容が、ケアプラン第2表につながる

Point61
分析・統合して導き出したニーズをまとめた全体の支援方針を、利用者、家族に伝えて同意を得る。この内容が、ケアプラン第1表の総合的な援助の方針につながる

退院までに準備してもらわないといけないのですが、どこか希望の業者はありますか？」

Bさん： 「いえ、初めてのことなのでよくわかりません。紹介してもらってよいですか？」

ケアマネジャー：「わかりました。こちらでご提案させていただきますね。デイサービスやホームヘルパーさん、訪問看護の事業所なども同様でよろしいでしょうか？」

Bさん： 「はい、よろしくお願いします」

ケアマネジャー：「それでは、退院に合わせて手すりの設置や福祉用具購入の業者とサービス事業所を選ばせていただきますね。決まった業者には、Aさんとご家族のことをより理解してもらいサービスを始めてもらうために、今日聞かせていただいたお話の内容を伝えたいと思いますが、よろしいですか？」

Point21
個人情報を関係者に伝えることを、アセスメント面接のなかで改めて了解を得る

Aさん、Bさん、Cさん：「伝えてもらって大丈夫ですよ」

ケアマネジャー：「ありがとうございます。それでは、今後の予定について説明させていただきます。今日のお話をもとに、退院後、どのような支援を受けながら生活していくかをケアプランという書類にまとめて、病院に持参させていただきますので、ご確認をよろしくお願いします。また、手すりの設置や福祉用具は退院までに準備が必要なので、業者と自宅に工事等でお伺いする日程の調整をしますね。また、日程が決まったら連絡させていただきますが、連絡先はBさんでよろしいですか？」

Point20
今後の予定とその目的を伝えることで、利用者自身が支援の方向性を理解する

第1章 インテーク
第2章 アセスメント
第3章 ケアプラン
第4章 サービス担当者会議
第5章 モニタリング
第6章 終結
第7章 実践への活かし方

Bさん： 「はい、大丈夫です」

ケアマネジャー：「それでは、日程について連絡をさせて

いただきますので、よろしくお願いしま
す。退院時には各サービスの担当者にも
自宅に来てもらい、サービス担当者会議
という退院後の生活についての具体的な
打ち合わせをさせていただきたいと思っ
ています。慣れないことばかりで大変だ
と思いますが、わからないことがあれば

ご連絡ください。本日はどうもありがと
うございました」

Aさん、Bさん、Cさん：「わかりました。よろしくお願いします」

16 アセスメント 〜その他の視点

Point 62　情報開示に対応した記録をつける
Point 63　オリジナルのアセスメントシートを作成する
Point 64　社会資源を開発する視点をもつ

Point 62　情報開示に対応した記録をつける

　アセスメント面接で収集した情報は、個々の情報にはどのような意味があるのか、それらの情報はどのように相互に作用し合っているのかを頭に描きながら記録します。記録する際に重要なのは、**情報を総合的かつ客観的に整理し、わかりやすく他者に伝えられる内容にする**ことです。特に、**主観的現実世界と客観的現実世界を整理して記載する**ことが重要です。

　近年、実践記録は情報開示への対応が求められます。アセスメント記録、ケアプラン、経過記録などは実践者だけのものではありません。**利用者の様子や、いつ、どこで、誰から、どのような支援を受けたのかを明確にしておくなど、利用者が目を通すこと（情報開示）を前提に権利擁護の視点をもち、可能な限りわかりやすく、受け入れやすい文章表現が求められます。**

Point 63　オリジナルのアセスメントシートを作成する

　アセスメントシートはシステムに導入されているものも含め、いくつかの種類があります。多くのアセスメントシートは利用者の ADL や病歴、家族構成や住環境といった客観的な情報の記入欄は充実しています。しかし、利用者の"語り"のなかにある「希望」や「思い」といった主観的事実に関する情報や、問題に対処する力、生活歴のなかでの本人の役割や周囲の人との関係、趣味、嗜好といった利用者の強みや個別性を理解するための記入欄は十分ではないシートも散見されます。このような場合、**シートの特記事項欄などの自由に記載できるスペースを有効に活用することや、オリジナルのアセスメントシートをつくることも視野に入れるなど、工夫をする必要**

第1章 インテーク
第2章 アセスメント
第3章 ケアプラン
第4章 サービス担当者会議
第5章 モニタリング
第6章 終結
第7章 実践への活かし方

も出てきます。

　記録は、**自分自身の仕事を考えながら振り返り、言語化する作業で、ケアマネジャーとしての力量を高めていく機会**にもなります。情報が偏ったり、漏れたりしないアセスメントシートの工夫が求められます。なお、本書で使用するアセスメントシートは、厚生労働省の課題標準項目を網羅し、アセスメントの7領域で作成したオリジナルシートです。

Point 64　社会資源を開発する視点をもつ

　ケアマネジャーには、地域包括ケアシステムの一翼を担うことが求められています。また、介護保険のサービスだけにとどまらず、**医療保険のサービスやインフォーマルサポートを活用し、ケアプランに記載することも求められるようになりました。**

　介護保険サービスだけにとどまらず、さまざまな社会資源を活用し、利用者の生活を支えていくことを目指しますが、**現状の社会資源では解決に至らない、多くの利用者に共通する（普遍的）問題もあります。このような問題については、地域ケア会議のケース検討を繰り返すなかで問題を蓄積して整理・分析し、問題解決のための社会資源を開発したり、行政や社会に提言するなどの社会活動（ソーシャルアクション）を行うことが重要です。**

第3章

ケアプラン

アセスメントで導き出された
「利用者の望む暮らし」と「ニーズ」、および
ニーズを達成するための「目標」と「手立て
（サービス内容）」とその「実施者（担当者）」を、
誰もがわかるようにケアプランに落とし込むための
具体的な記載方法について学びます。

17 ケアプランとアセスメント シートの位置づけ

Point65 アセスメントで導き出された「ニーズ」と「目標」「手立て」を言語化した「ケアプラン」をつくる

Point66 「アセスメントシート」で収集した情報を整理し言語化する

　ケアプランは、アセスメントで導き出された「利用者の望む暮らし」と「総合的な援助の方針」、個々の「生活ニーズ」とその「ニーズ」を達成するための「目標」と「手立て（サービス内容）」およびその「実施者（担当者）」を共有するためのエビデンス（根拠）を言語化するためのツールです。

Point 65 アセスメントで導き出された「ニーズ」と「目標」「手立て」を言語化した「ケアプラン」をつくる

　ケアマネジメントモデルの最大の特徴は、利用者、家族、インフォーマルサポーター、フォーマルサービスがチームとなって、利用者のニーズの達成に向けて協働するところにあります。そのためのエビデンス（根拠）がケアプランです。

　利用者が能力に応じた自立に向かうためには、チームメンバーが利用者を共通理解したうえで協働しなければなりません。具体的に言えば、**「利用者の望む暮らし（そのライフステージでの望ましい状態）」「生活場面ごとのニーズ（24 時間に内包された具体的ニーズ）」とニーズ達成のための「目標」「具体的な手立てのプロセス」「担当者」を共通理解しなければならない**ということです。アセスメントのプロセスでいうと、**ステップ２のニーズの導き出しからステップ３を言語化したもの**となります。

　チームメンバーの利用者理解がバラバラだと、支援の方向性や手立てが支援者によって異なることになり、結果として自立に向かうことができなくなります。利用者理解の場としてサービス担当者会議もありますが、参加するのは実際に支援にかかわるチームメンバーのごく一部の人だけです。**利用者理解と具体的支援の共有をカバーするのがケアプラン**なのです。

Point 66 「アセスメントシート」で収集した情報を整理し言語化する

　ケアプラン作成の前段として作成される**アセスメントシートは、利用者理解および支援に欠かせない情報を偏りなく収集できるような枠組みを示したうえで、実際に利用者宅を訪問して得られた情報を整理して言語化したもの**です。アセスメントのプロセスでいうと、**ステップ1の「情報の収集・整理」の段階**になります。

情報を整理する

第1章 インテーク

第2章 アセスメント

第3章 ケアプラン

第4章 サービス担当者会議

第5章 モニタリング

第6章 終結

第7章 実践への活かし方

第1表　利用者および家族の生活に対する意向を踏まえた課題分析の結果

Point67　"望む暮らし"を表現している代表的な"語り"を模索し、できるだけそのままを記載する

Point68　利用者や家族の不利益になるような要望はケアマネジャーの専門職ニーズで修正する

Point69　"語り"を失っている利用者は、日々の表情の観察や生活史から人となりを知る

Point 67　"望む暮らし"を表現している代表的な"語り"を模索し、できるだけそのままを記載する

　ケアマネジャーはアセスメントやモニタリングにおいて、利用者とさまざまな会話を繰り返します。「利用者及び家族の生活に対する意向を踏まえた課題分析の結果」は、その経過において、**利用者の現状における"望む暮らし"を表現していると思われる代表的な"語り"を模索し、なるべくわかりやすい表現で、できるだけ"語り"そのままに記載**します。

Point 68　利用者や家族の不利益になるような要望はケアマネジャーの専門職ニーズで修正する

　利用者や家族の要望は、ときに現状からかけ離れた要望であったり、利用者の要望が自身の不利益になったり、また利用者と家族の要望がぶつかりあったり（利益相反）することがあります。このような場合には、話し合いを進めながら、**ケアマネジャーが"語り"を修正して提案し、利用者、家族、ケアマネジャーが合意した表現で記載**します。つまり、要望の不調和をケアマネジャーの専門職ニーズで適切なニーズに修正して提案するということです。

利用者および家族の生活に対する意向を踏まえた課題分析の結果
（Ａさんの事例）

> Ａさん　「これからもこの家で暮らしたい」
> Ｂさん　「関節リウマチで、手足の指、膝等のこわばりや痛みがあり無理ができないため、介護ができるか心配」
> Ｃさん　「なかなか行けないので、ホームヘルパーなどのサービスを入れて支援してほしい」

修正

> Ａさん　「こんな体になって家での生活ができるか不安です。でも体を治して、今までのように家事をしながら、家族や友人と趣味や外出ができるようになりたいです」
> Ｂさん　「関節リウマチで、手足の指、膝等のこわばりや痛みがあり無理ができないため、介護ができるか心配です。先々のことを考えると不安もありますが、今まで頑張ってくれた妻を支えていきたいと思います。まだ若いので、しっかりと体を動かして元気になってほしいと思います」
> Ｃさん　「しばらくはリハビリをしっかりしてほしいと思います。私も次女も簡単には訪問できず、また父親は家事が得意ではないので、少し調理を手伝ってもらえたらと思います」

Point 69　　"語り"を失っている利用者は、日々の表情の観察や生活史から人となりを知る

重度の心身機能障害で、「言語（言葉）」での"語り"を失っている利用者については、**家族から生活史を聴取して利用者の人となり（個性）を知る**ことや、**利用者の表情や行動（BPSD や体動含む）を観察**するなかから**"快""不快"を推察**し、**アドボカシー（代弁）**します。

第1章 インテーク
第2章 アセスメント
第3章 ケアプラン
第4章 サービス担当者会議
第5章 モニタリング
第6章 終結
第7章 実践への活かし方

利用者および家族の生活に対する意向を踏まえた課題分析の結果
（言葉での語りを失っている利用者の場合）

> 利用者　「寝たきりにより聴取不能」
> 家族　　「介護が大変ですが、どうにか頑張っています」

> 利用者　「肺炎にならないようにむせ込みに注意しながら食事をしたい。ベッドから離れて家族と過ごす時間をつくりたい」
> 家族　　「介護は大変ですが、今まで家を支えて頑張ってくれました。手伝ってもらいながらできるだけ家にいられるように支えていきたいです」

column

第1表の書式の変更について

2021年（令和3年）度より、それまでの居宅サービス計画書の「利用者及び家族の生活に対する意向」が「利用者及び家族の生活に対する意向を踏まえた課題分析の結果」に書式変更となりました。

> 利用者及びその家族が、どのような内容の介護サービスをどの程度の頻度で利用しながら、どのような生活をしたいと考えているのか意向を踏まえた課題分析の結果を記載する。その際、課題分析の結果として、「自立支援」に資するために解決しなければならない課題が把握できているか確認する。そのために、利用者の主訴や相談内容等を踏まえた利用者が持っている力や生活環境等の評価を含め利用者が抱える問題点を明らかにしていくこと。
> なお、利用者及びその家族の生活に対する意向が異なる場合には、各々の主訴を区別して記載する。
> 「『介護サービス計画書の様式及び課題分析標準項目の提示について』の一部改正について」（令和3年3月31日老認発0331第6号）

その「理由」として、「利用者はもとよりその家族が、介護や支援を受けつつ、どのような生活をしたいと望んでいるのかについて、明確に把握する必要がある。このような主体的な生活への欲求と対応するサービスが一体となり初めて効果的な援助が可能となる」としています。

この文章を紐解くと、前半はアセスメントの思考プロセスについて解説しています。利用者、家族の"語り"にしっかりと耳を傾けることで、望む暮らしについての意向を明確にしながら、その意向が利用者の自立の妨げになる、つまり利用者の意向が利用者自身の不利益になる、家族の意向が家族自身の不利益になる、利用者と家族の意向がぶつかりあう（利益相反する）ような場合には、しっかりと働きかけることで誰の不利益にもならない意向の着地点を見出すということです。

後半はその意向を、利用者、家族、別々になるべく"語り"そのままに記載することが求められています。

第1章 インテーク
第2章 アセスメント
第3章 ケアプラン
第4章 サービス担当者会議
第5章 モニタリング
第6章 終結
第7章 実践への活かし方

19 第1表 総合的な援助の方針

Point70 利用者および家族の意向を踏まえた"望む暮らし"と援助の方針を記載する
Point71 個別ニーズの羅列はしない
Point72 ケアマネジャーの"思い"を伝える
Point73 利用者、家族の承認の場として活用する
Point74 緊急連絡先と広域災害時避難場所を記載する
Point75 「利用者・家族の意向」「総合的な援助の方針」「第2表のニーズ」の整合性を意識する

Point 70 利用者および家族の意向を踏まえた"望む暮らし"と援助の方針を記載する

　「総合的な援助の方針」は、**第1表の「利用者及び家族の生活に対する意向を踏まえた課題分析の結果」を反映しつつ、第2表の「長期目標」を総合化した内容となるように書きます。**つまり、利用者、家族の意向をベースに、第2表の「長期目標」がすべて達成された先にある、人が生きるための動機づけとなる最も高みにある個々のニーズが統合されたニーズ、つまり"望む暮らし"に対する総合的な援助の方針です。

Point 71 個別ニーズの羅列はしない

　時々、「総合的な援助の方針」に、個別ニーズを羅列しているケアプランを見かけます。例えば、「病気の悪化を防ぎます」「下肢筋力の低下を防ぐためにリハビリをします」といった記載です。これでは、長期目標が総合化されたとはいえません。このような**個別ニーズは「総合的な援助の方針」に明記するのではなく、第2表の「生活全般の解決すべき課題（ニーズ）」**で明確化します。

Point 72　ケアマネジャーの "思い" を伝える

　ケアプランとは、利用者にとってどのようなものであればよいのでしょうか。例えば、急な体調変化により救急搬送され、意識が戻ったときには身体に障害があり、絶望と退院後の生活に大きな不安を抱えている自分自身を想像してみてください。先が見えない不安に押しつぶされそうなときに、「ケアマネジャーとしてあなたをこのように支えます」という思いが込められていたとしたら…ささやかかもしれませんが、心に安心の灯がともるのではないでしょうか。

　「総合的な援助の方針」は、ケアプラン上で "望む暮らし" に対して、利用者との信頼関係のもとに「ケアマネジャーとして、このように支援します」という "思い" や "決意" を文字でメッセージとして伝えることのできる唯一の場です。

Point 73　利用者、家族の承認の場として活用する

　急な病気により、今まで当たり前にできていたことが家族の手を借りなくてはできなくなり、「生きている意味があるのかなぁ」といった感情が渦巻いているときに、例えば、**「〇〇さんは今までこのようにがんばってきました」という承認のメッセージを送ることができるのも、この「総合的な援助の方針」**です。これは、ケアマネジャーの "思い" を伝えるのと同様に、**利用者、家族の心に少しでも寄り添う態度の表明**でもあります。

事例　総合的な援助の方針

Ａさんは、仕事や子育てに奮闘されながら、Ｂさんを支えてこられました。今ではご家族やご友人に囲まれ、穏やかな日々を過ごしておられます。病気の不安もありますが、Ａさんが希望されるように、退院後は再び主婦として家事をこなすことができるように一緒に考えさせていただきます。Ｂさんは、健康についての不安をもっておられます。すべて自分でと思わずに、周囲の方々に手伝ってもらったり、サービスを上手に活用して、無理なくＡさんを支えていきましょう。困りごとが出てきたら、いつでもご相談ください。退院直

事例で学ぶ

── Point73
承認のメッセージ

第1章 インテーク
第2章 アセスメント
第3章 ケアプラン
第4章 サービス担当者会議
第5章 モニタリング
第6章 終結
第7章 実践への活かし方

後なので、しばらくは健康管理と日常生活の組み立てを中心に支援させていただきます。事故に注意しながら、できる範囲でどんどん体を動かしていきましょう。また、Bさんとの趣味や、お友だち、ご近所との交流も再開できるように考えていきましょう。

緊急連絡先：B（夫）さん　000－0000－0000（携帯）　000－000－0000（自宅）

C（長女）さん　000－0000－0000（携帯）

E（次女）さん　000－0000－0000（携帯）

G医師（G内科クリニック）　000－000－0000（クリニック・日中）　000－0000－0000（携帯・夜間）

P訪問看護ステーション　000－000－0000（日中）、000－0000－0000（携帯・夜間）

指定緊急避難場所：〇〇公民館

● Point72
ケアマネジャーの"思い"と方向性

● Point74
緊急連絡先と緊急避難場所

Point 74　緊急連絡先と広域災害時避難場所を記載する

　利用者の病状の急変や、急に介護者が介護できなくなるような**緊急事態が予測される場合には、対応の方法や、家族、主治医等の緊急連絡先を明記する**ことが求められています。主治医によっては、日中と夜間の連絡先が違うことがあるので、このような場合は別々に記載します。

　また、近年頻発する広域災害発生時の避難においては、利用者のADL等を勘案し、避難方法を考慮する必要があることから、各地域の実情にあわせ避難所等の情報を収集し、**最適な指定緊急避難場所等を記載する**ことが望ましいとされています。速やかな避難支援につながるとともに、避難後にあっては、ケアプラン自体が利用者にかかる医療・介護情報として活用できるため、避難生活の課題解決に大きな役割を果たすことが期待されます。

　※指定緊急避難場所等のケアプランへの記載の要否、仕様については、各保険者によって異なりますので、関係機関に確認しましょう。

Point 75　「利用者・家族の意向」「総合的な援助の方針」「第2表のニーズ」の整合性を意識する

　例えば、利用者は「夫のためにできるだけ調理をしたり、迷惑をかけないように、なるべく自分のことは自分でしたい」と言います。それに対し、「総合的な援助の方針」を見ると「糖尿病の悪化を予防するために受診と服薬をしっかりと行っていきます」と記載されています。第2表の「生活全般の解決すべき課題（ニーズ）」の最優先ニーズを確認すると、「安心して家の中を歩きたい」と記載され、それに対する「長期目標」は「家の中を安心して歩くことができる」と記載されています。つまり、「利用者及び家族の生活に対する意向」と、「総合的な援助の方針」、第2表の「生活全般の解決すべき課題（ニーズ）」の最優先ニーズにつながりがないのです。このような、横軸のつながりのないケアプランでは、十分にニーズが整理されているとはいえません。**「利用者及び家族の生活に対する意向」「総合的な援助の方針」「生活全般の解決すべき課題（ニーズ）」の整合性は、意向（望む暮らし）をベースに置き、意向を叶えるためにはどのような援助の方向性を示していくのかを明確にします。そして、その意向を達成するために、第2表に具体的なニーズが優先順位も含めて整理**されなければなりません。

column

総合的な援助の方針：記載要領

　令和3年度の居宅サービス計画書の様式の改正についての記載要領は、以下のようになっています。

総合的な援助の方針

> 　課題分析により抽出された、「生活全般の解決すべき課題（ニーズ）」に対応して、当該居宅サービス計画を作成する介護支援専門員をはじめ各種のサービス担当者が、どのようなチームケアを行おうとするのか、利用者及び家族を含むケアチームが確認、検討の上、総合的な援助の方針を記載する。
> 　「『介護サービス計画書の様式及び課題分析標準項目の提示について』の

第1章 インテーク

第2章 アセスメント

第3章 ケアプラン

第4章 サービス担当者会議

第5章 モニタリング

第6章 終結

第7章 実践への活かし方

一部改正について」（令和 3 年 3 月 31 日老認発 0331 第 6 号）

考え方

　総合的な援助の方針は、今後、利用者の望む生活の実現に向けて支援していくために目指すべき方向です。介護支援専門員をはじめ、各サービス担当者が利用者・家族も含めたケアチームとして、互いに連携してケアを行うための共通の支援方針を記載します。
（一般財団法人 長寿社会開発センター『七訂 居宅サービス計画書作成の手引』p.21）

緊急連絡先

　あらかじめ発生する可能性が高い緊急事態が想定されている場合には、対応機関やその連絡先、また、あらかじめケアチームにおいて、どのような場合を緊急事態と考えているかや、緊急時を想定した対応の方法等について記載することが望ましい。例えば、利用者の状態が急変した場合の連携等や、将来の予測やその際の多職種との連携を含む対応方法について記載する。

20 第2表　生活全般の解決すべき課題（ニーズ）

Point 76　ニーズは、利用者、家族にもわかりやすい表現にする

　居宅サービス計画書の改正についての「考え方」と「書き方」を紐解いてみると、以下のようなことが見えてきます。

・利用者の理解を前提としたニーズであること（尊厳の保持）

・自分のニーズと自覚できる書き方をすること（主体性の尊重）

「利用者の理解を前提とする」「自分のニーズと自覚できる」には、まず「わかりやすい表現であること」が求められます。ケアプラン全体にいえることですが、専門用語を羅列して、専門職間での情報共有を優先しているかのようなケアプランが散見されます。これでは、高齢の利用者や家族には理解できません。**利用者や家族が読んでも理解できるわかりやすい表現**であること、加えて、「**利用者のニーズであること**」が求められます。

生活全般の解決すべき課題（ニーズ）：記載要領

　令和3年度の居宅サービス計画書の様式の改正についての記載要領は、以下のようになっています。

生活全般の解決すべき課題（ニーズ）

　利用者の自立を阻害する要因等であって、個々の解決すべき課題（ニーズ）についてその相互関係をも含めて明らかにし、それを解決するための要点がどこにあるかを分析し、その波及する効果を予測して原則として優先度合いが高いものから順に記載する。具体的には、利用者の生活全般の解決すべき課題（ニーズ）の中で、解決していかなければならない課題の優先順位を見立て、そこから目標を立て、
・利用者自身の力で取り組めること
・家族や地域の協力でできること
・ケアチームが支援すること
で、できるようになることなどを整理し、具体的な方法や手段をわかりやすく記載する。
　目標に対する援助内容では、「いつまでに、誰が、何を行い、どのようになるのか」という目標達成に向けた取り組みの内容やサービスの種別・頻度や期間を設定する。
「『介護サービス計画書の様式及び課題分析標準項目の提示について』の一部改正について」（令和3年3月31日老認発0331第6号）

　また、居宅サービス計画書の様式の改正に合わせて改訂された、一般財団法人 長寿社会開発センター『七訂 居宅サービス計画書作成の手引』に記載されている「生活全般の解決すべき課題（ニーズ）」の「考え方」および「書き方」のポイントを、以下に整理しました。

第1章 インテーク

第2章 アセスメント

第3章 ケアプラン

第4章 サービス担当者会議

第5章 モニタリング

第6章 終結

第7章 実践への活かし方

column

「生活全般の解決すべき課題（ニーズ）」の考え方と書き方

考え方

・自立支援を目指したケアプランを利用者・家族と協働で作成することが重要。

・ニーズをいかに導き出すかが重要であり、利用者・家族が、「自らのニーズ」としてとらえなければ、ニーズを主体的に解決していく自立型のサービス利用はできない。

・ニーズとは、解決できれば利用者が望む生活や活動が可能となるもの。利用者が実現に向けて取り組めるもの。すなわち、自立に向けて取り組むべきこと。

・ニーズの優先順位は、緊急性や、生活を活性化するなど、重要性を踏まえて、利用者とともに相談しながら決める。

・ニーズは利用者・家族の状況によっては意欲的（ポジティブ）に書けないことがあるが、自分でできることなどプラスの面を自覚できるように働きかける。

書き方

・利用者が主体的・意欲的に取り組める内容を個々の利用者が納得できるよう書く。

・利用者が介護支援専門員とともに導き出したニーズを自分のニーズとして自覚し、再確認できるよう具体的に記載する。

・安易に「〇〇したい」と記載するのではなく、その背景にあるさまざまな要因や事情などを踏まえて記載する。

・利用者と家族のニーズが異なる場合や、利用者が望む生活や活動の実現のために解決する必要があるにもかかわらず、理解が得られなかったニーズは、第5表の「居宅介護支援経過」に書きとめ、意見の調整ができるように働きかける。

（一般財団法人 長寿社会開発センター『七訂 居宅サービス計画書作成の手引』pp.24～25）

利用者が主体的・意欲的に取り組める表現でニーズを記載する

・できるだけプラス面を意識できるニーズにすること（現有能力の活用）

・利用者が主体的・意欲的に取り組める書き方をすること（主体性の尊重）

　例えば、ケアプランに「病気の再発のリスクがある」「転倒リスクが高くトイレに行けない」「半側空間無視があり左半分の食事が残る」といった問題（状況）がニーズとして羅列されていたら、利用者が目を通したときにどう感じるでしょうか。このようなケアプランを提示されても、望む暮らしを達成するために意欲的に取り組もうという気持ちになれないのは明らかです。

　利用者が主体的に取り組むことができるようなニーズにするには、「病気の再発のリスクがある」→「病気が再発しないようにしたい（する）」、「転倒リスクが高くトイレに行けない」→「安心してトイレに行きたい（行く）」、「半側空間無視があり左半分の食事が残る」→「健康に気をつけながらおいしくごはんが食べたい（食べる）」といったように、**目標志向型のニーズ表現**が求められます。

Point **78**　ニーズの表現は「○○したい（○○する）」や「○○で困っている」など柔軟に変更する

　どんな利用者でも、意欲をもてる表現で記載することが適切かといえば、そういうわけでもありません。例えば、利用者が「足が弱っていてトイレに間に合わないのが一番困っているの」と言葉に出して言うのであれば、「足が悪くてトイレに間に合わない（ので困っている）」と記載しても問題はありません。また、「安心してトイレに行きたい」と言うのであれば、そのまま記載してもよいでしょう。どうしても意欲的になれない利用者もいますので、そういった利用者の気分や感情を無視して、意欲的な表現でニーズが記載されているとなると、利用者への配慮に欠けるという倫理的な問題を含むことになります。**ニーズ表現は、常に利用者の主体性や尊厳といった倫理に配慮したもの**になるようにしましょう。

　利用者の"語り"で意欲的に！

解決すべき課題（ニーズ）
アルツハイマー病で認知障害があるため、外に出ると道に迷ってしまう。

第**1**章　インテーク

第**2**章　アセスメント

第**3**章　ケアプラン

第**4**章　サービス担当者会議

第**5**章　モニタリング

第**6**章　終結

第**7**章　実践への活かし方

▽ 修正

解決すべき課題（ニーズ）
外出するときには誰かに見守ってほしい。

ネガティブな表現もあり！

解決すべき課題（ニーズ）
一人でトイレに行けるようになりたい。

▽ 修正

解決すべき課題（ニーズ）
トイレに行くときに転びそうで不安なので、見守ってほしい。

Point 79　安易に「○○したい」と記載するのではなく、その背景にあるさまざまな要因や事情などを踏まえる

　利用者の主訴（要望）は、加齢や認知症等により、ときに適切に自分自身の"思い"を反映できていなかったり、自分自身の不利益になったり、家族の要望とぶつかりあう（利益相反）ことがあります。家族の要望も同様です。

　このような場合には、利用者や家族の言葉そのままに記載するのではなく、「Aさんの要望は○○ということですか？」などと整理して表現を適切に修正したり、利用者と家族の間に立って、お互いの要望の着地点を見出せるような表現に修正して提案します。

解決すべき課題（ニーズ）
甘いものが大好きだから、そこだけは譲れない。

▽ 修正

解決すべき課題（ニーズ）
病気のことも考えながら、甘いものを楽しみたい（楽しむ）。

解決すべき課題（ニーズ）
家事が大変だから全部してほしい。

修正

解決すべき課題（ニーズ）
手伝ってもらいながら家事をしたい（する）。

Point 80　ニーズは利用者の尊厳が守られた表現にする

　ポジティブ・プランといわれるニーズの表現方法があります。これは、「①原因」「②状態」「③問題」で表現するのではなく、「④意欲」として表現するというものです。

図表3-1　ポジティブプランへの転換

佐藤信人『ケアプラン作成の基本的考え方』中央法規出版、2008年、p.56を一部改変

　「①原因」「②状態」「③問題」の思考に沿ってニーズを表現すると、「脳梗塞のために」「左麻痺で」「一人で更衣できなくて困っている」となります。利用者に第2表を説明するときに、自分ではどうすることもできない事実（「①原因」「②状態」「③問題」）を、ニーズごとに繰り返し突きつけられることが心理的にプラスになるとは考えられません。繰り返しの否定的表現は、利用者の自尊心を低下させることにもなります。これは、尊厳にかかわる倫理的問題ともいえます。

　この考え方を再整理すると、「①原因」「②状態」「③問題」は専門職ニーズです。そして、「④意欲」は利用者の"語り"です。つまり、**ケアマネジャーのニーズ（専門職ニーズ）を利用者の"語り"に変換（代弁）することで、利用者の障害の状態像や問題状況を繰り返し押しつけて尊厳を傷つけるようなことがないように表現する**ということです。ただし、現在は必ずしも"語り"で表現しなくてはならないことにはなっていません。この点について、以下で解説します。

第**1**章　インテーク

第**2**章　アセスメント

第**3**章　ケアプラン

第**4**章　サービス担当者会議

第**5**章　モニタリング

第**6**章　終結

第**7**章　実践への活かし方

column

「生活全般の解決すべき課題（ニーズ）」の3つのパターン

　ポジティブ・プランの2つの問題点について考えてみます。「〜したい」という表現にはどのような意味合いがあるのでしょうか。ポジティブ・プランは、「ニーズを意欲的に表現する」としていますが、意欲的な表現という意味合いだけではなく、実は、ニーズ（問題や目標）を、利用者の"語り"で表現しているのです。そこで出てくる1つ目の問題は、「利用者が必ずしも意欲的ではない」ということです。つまり、抑うつ的、高齢の利用者が多く存在する現実において、「〜したい」という意欲的な表現が利用者の心理にマッチしていないことも多々あるということです。

　では、そのような利用者に対して、どのように表現すればよいのでしょう。例えば、「〜で困っている」「〜で不安で仕方がない」といったネガティブな表現もあるということです。大切なのは、利用者の心に沿った表現ができることです。

　もう1つの問題があります。それは、ニーズを利用者の"語り"で代弁することで、誰が主体の"語り"なのかがわからなくなるということです。

　「解決すべき課題（ニーズ）」のニーズは、以下のような3つのパターンが存在します。

---

①本人が言った要望がそのまま記載されるニーズ
②家族の代弁による要望がそのまま記載されるニーズ
③ケアマネジャーの代弁として記載される専門職ニーズ

　この違いがわかるのは、作成したケアマネジャーだけなので、利用者、家族、他職種等に説明ができなければなりません。要介護4や5といった重度の心身障害のある利用者などについては、ニーズが家族やケアマネジャーの代弁で記載されることのほうが多いでしょう。ニーズを導き出した背景にある理由をしっかりと説明できるようにしておきましょう。

　『七訂　居宅サービス計画書作成の手引』を読み解くと、**目標志向型表現でも、ポジティブ・プラン（"語り"表現）でも"どちらもあり"**というような意味合いが見られます。これについては、例えば利用者の"思い"が強く、明確な意思表示があるうえに、ケアマネジャーの専門職ニーズから評価しても問題がない場合には、「大好きなお料理がしたい」「トイレに行くときに転倒しそうで困っている」といった"語り"で表現するのもよいでしょう。また、「得意であった料理を再開する」「安心してトイレに行くことができる」といった目標志向型表現でもよいと思います。何より大切なのは、**「利用者のニーズで表現する」**ことです。現状のケアプランを見てもいえることですが、ケアマネジャーの専門職ニーズによる表現が散見されますので注意しましょう。

解決すべき課題（ニーズ）
栄養バランスを考えた食事を摂る。

修正

解決すべき課題（ニーズ）
健康に気をつけながら、おいしくご飯を食べたい（食べる）。

解決すべき課題（ニーズ）
下肢筋力の低下を予防する。

修正

解決すべき課題（ニーズ）
安心して家の中や周囲を移動できるようになりたい（できるようになる）。

解決すべき課題（ニーズ）
脳梗塞の再発の可能性がある。

修正 ▽

解決すべき課題（ニーズ）
病気が再発しないようにしたい（しないようにする）。

Point 82　専門用語や権威的表現を安易に多用しない

「ケアプランは誰のもの？」と聞くと、「利用者のもの」という答えが返ってきます。それなのに、ケアプランにやみくもに専門用語や権威的な表現が使用されているのを見かけます。つまり、無意識にケアマネジャー主体に陥っているのです。「解決すべき課題（ニーズ）」では「食生活を改善したい」「下肢筋力低下があり歩行不安定であるが、安心して入浴したい」、「目標」では「服薬管理」「転倒予防」「週2回の入浴機会の確保」といった表現です。高齢の利用者がこんな言葉でニーズを表現するでしょうか。「病気に気をつけながら、楽しんで食事がしたい」「転ばないように気をつけながら、気持ちよくお風呂に入りたい」。実際は、このような"語り"ではないでしょうか。

ケアプランは、利用者を主体とするのが原則です。専門用語を多用するケアプランではなく、利用者にわかりやすいケアプランが真の専門性です。

解決すべき課題（ニーズ）
食生活を改善したい（する）。

修正 ▽

解決すべき課題（ニーズ）
病気に気をつけながら、楽しんで食事がしたい（する）。

第1章 インテーク

第2章 アセスメント

第3章 ケアプラン

第4章 サービス担当者会議

第5章 モニタリング

第6章 終結

第7章 実践への活かし方

解決すべき課題（ニーズ）
下肢筋力低下があり歩行不安定であるが、安心して入浴したい。

修正

解決すべき課題（ニーズ）
転ばないように気をつけながら、気持ちよくお風呂に入りたい（入る）。

Point 83 ニーズは誰の目から見てもわかる（客観視できる）ように、具体的に表現する

「解決すべき課題（ニーズ）」と「目標」の両方にいえることですが、表現は具体的でなければなりません。具体的でない表現とは、「不安で仕方がない」「体がしんどいときがある」といった漠然とした"語り"です。こういった"語り"は、利用者の心のなか、つまり主観的現実世界を表現しています。不安やしんどさの中身がわからないので、何をどう解決したらよいのか、つまり目標の設定ができません。例えば、「何が不安ですか？」と重ねて質問して紐解くことで、「トイレに行くときに転びそうで怖い」という答えにたどり着きました。**生活場面を明確にすることで、不安の中身と目標が見えてきます。**ほかにも、**病気の治療、障害の改善、役割づくりなどのニーズについても、誰の目から見ても中身がわかるような具体性、客観性のある表現**をしなければなりません。

解決すべき課題（ニーズ）
不安で仕方がない（不安を解消する）。

修正

解決すべき課題（ニーズ）
体調不良のときに娘にすぐに連絡できるようにしておきたい（しておく）。

第1章　インテーク

第2章　アセスメント

第3章　ケアプラン

第4章　サービス担当者会議

第5章　モニタリング

第6章　終結

第7章　実践への活かし方

Point 84　専門領域による「見立て」の違いに注意する

　ケアマネジャーの基礎資格はさまざまで、それぞれの専門領域があります。私たちは、ともすれば得意とする専門性において利用者を見立てようとしています。例えば、医療系のケアマネジャーなら疾患と心身機能を中心にニーズを導き出す、福祉系のケアマネジャーなら"語り"や生活史、家族関係性を中心にニーズを導き出すといったかたちです。しかし、どちらもアセスメントの視点に偏りがあるとするならば十分とはいえません。**自分自身の専門性による視点の偏りに気づき、欠けている知識と視点を学ばなければなりません。**

　ただし、すべての知識を学ぶのは容易なことではないので、多職種の力を借りることを忘れてはなりません。学びにはある程度時間がかかりますが、**周囲の多職種の力を借りることで、自分自身が苦手とする領域のニーズを導き出す近道となります。**

Point 85　第2表は根拠をもってニーズの優先順位を考える

　アセスメントに基づいて導き出された個別のニーズは、第2表に優先順位をつけて記載します。しかし、その優先順位は個別性そのもので、法則も答えもありません。例えば、利用者を中心に置く（利用者の主体性の尊重）という考え方においては、利用者の"思い"が一番強いニーズを最優先するという視点があります。家族の"思い"を尊重しなければならないケースもあります。また、病気治療中や看取りの利用者であれば命を守ること、痛みや苦痛を和らげること、つまり医療ニーズを最優先するという視点もあります。ほかにも、生きがいを求めている利用者なら、役割（参加）のニーズが最優先される、転倒リスクが非常に高い場合なら、下肢筋力の改善と手すり等の環境整備が最優先されることもあるでしょう。**利用者の"思い"や病気、障害程度やADLの向上等のさまざまな個別ニーズを比較するなかで、優先順位を決定**していきます。

21 第2表 長期目標・短期目標

Point86 「利用者の目標」であること＝主体性（自己決定）を尊重する

Point87 「達成可能」であること＝達成できる目標を設定する

Point88 「具体的で客観視できる」＝モニタリングにおいて客観的な評価ができる

Point89 「サービスは「目標」ではなく「手段」」＝「目標」にサービスを記載しない

Point 86 「利用者の目標」であること＝主体性（自己決定）を尊重する

　明らかに専門職ニーズ（ケアマネジャー目線）で目標設定がなされているケアプランを見かけます。例えば、「服薬管理」「栄養状態の改善」「週2回の入浴機会の確保」といった表現です。このケアプランでは、主語がケアマネジャーになってしまうことで利用者の主体性が損なわれ、管理的思考になってしまう危険性をはらんでいます。

　管理的思考は、視点が「障害」と「リスク」に傾きます。そうなると、自然と利用者の"思い"や"現有能力（もっている力）"の活用を意識しにくくなります。

　例えば、「服薬管理」を目標にサービス内容をイメージすると、「支援者が薬の残数を管理しながら、利用者に手渡しして飲んでもらう」となります。「確実に薬を飲む」を目標にすると、「できるだけ自分で確認してもらい、自分で服薬するのを見守る」といったように、支援のイメージが変化します。**利用者を主語とした目標にするだけで、支援内容も利用者の主体性に視点が向くのです。**

解決すべき課題（ニーズ）	長期目標	短期目標
病気が再発しないようにしたい（しないようにする）。	脳梗塞の再発予防。	服薬管理。

修正

解決すべき課題（ニーズ）	長期目標	短期目標
病気が再発しないようにしたい（しないようにする）。	脳梗塞の再発を予防する。	確実に薬を飲む。

解決すべき課題（ニーズ）	長期目標	短期目標
栄養管理をしながら食事をしたい（食事をする）。	健康の維持。	栄養バランスのとれた食事をする。

修正

解決すべき課題（ニーズ）	長期目標	短期目標
健康に気をつけながらおいしくご飯が食べたい（食べる）。	健康に気をつけながらおいしくご飯を食べる。	塩分や脂肪分を控えて栄養バランスに気をつける。

column

目標（長期目標・短期目標）：記載要領

　令和3年度の居宅サービス計画書の様式の改正についての記載要領は、以下のようになっています。

目標（長期目標・短期目標）

> 「長期目標」は、基本的には個々の解決すべき課題に対応して設定するものである。
> 　ただし、解決すべき課題が短期的に解決される場合やいくつかの課題が解決されて初めて達成可能な場合には、複数の長期目標が設定されることもある。
> 　「短期目標」は、解決すべき課題及び長期目標に段階的に対応し、解決に結びつけるものである。
> 　緊急対応が必要になった場合には、一時的にサービスは大きく変動す

第1章　インテーク
第2章　アセスメント
第3章　ケアプラン
第4章　サービス担当者会議
第5章　モニタリング
第6章　終結
第7章　実践への活かし方

　「考え方」および「書き方」を整理すると、「目標」は問題の解決に向けて具体的
に取り組む指標であり、達成可能な目標であること、長期目標は利用者の到達点であ
り、短期目標は段階を踏んで解決できること、利用者の意欲が湧くように実感や達成
感を得られるような内容にすることが大切といったことが記されています。このよう
な視点を踏まえながら、「目標」について考えていきます。

　「目標」の設定には3つの原則があります。1つ目は、「利用者の目標」＝主体性
（自己決定）の尊重であること、2つ目は、「達成可能であること」＝実現可能性、
そして3つ目は、「具体的で客観視できる」＝モニタリング（アウトカム評価）可能
なことです。

Point 87　「達成可能」であること＝達成できる目標を設定する

　目標は達成可能であることが原則です。しかし利用者は、ときに達成が不可能な要
望を言葉にすることがあります。このようなときには、目標を刻むか、達成可能な着
地点を見出さなければなりません。例えば、利用者Aさんは「左半身麻痺を治した
い」と訴えます。主体性を尊重し、目標は「左半身麻痺を治す」としたいところです
が、現在の医学では完全に治すことは不可能です。利用者に「麻痺が治ったら何がし
たいですか？」と尋ねると、「以前のように夫と公園にお散歩に行けるでしょ」との
ことでした。深くアセスメントすることで、本当の目標が見えてきます。**「機能障害
の完治」という目標から、「夫との散歩という役割」に目標をシフトすることで、達
成可能な目標を見出した**ことになります。

解決すべき課題（ニーズ）	長期目標	短期目標
麻痺を治したい（治す）。	麻痺を治して以前のように家の中で動くことができる。	麻痺を治す。

▽ 修正

解決すべき課題（ニーズ）	長期目標	短期目標
入院前と同じようにいろいろな人との交流を楽しみたい（楽しむ）。	いろいろな人との交流を楽しむ。	幼馴染との交流を楽しむ。

第1章 インテーク

第2章 アセスメント

第3章 ケアプラン

第4章 サービス担当者会議

第5章 モニタリング

第6章 終結

第7章 実践への活かし方

Point 88　「具体的で客観視できる」＝モニタリングにおいて客観的な評価ができる

　利用者、家族、多職種等が一体的に利用者のニーズを達成する共同モデルであるという点がケアマネジメントの最大の特徴です。かかわる人々が一体的にゴールを目指すためには、目標やニーズを共通認識できなければなりません。そのためには、**誰の目から見てもわかる客観的で具体的な「目標」**が求められます。例えば、1つは「平常時血圧を 130/80mmHg にする」といった数値を示した目標です。そして、もう1つは「生活場面の明確化」です。生活場面とは、人が生きることの具体像である「活動（ADL・IADL）」と「役割（参加）」です。この**「活動」「役割」で目標を設定することが最も大切な視点**なのです。

column

生活場面を明確にすれば「手立て」と「担当者」が明確になる

　生活場面を明確にするということは、例えば「気持ちよくお風呂に入る」「ホームヘルパーに手伝ってもらいながら調理ができる」「夫と一緒にスーパーYに買い物に行く」といった目標です。逆に、具体性がない目標とは、「このまま2人で在宅生活が続けられる」「不安なく過ごす」といった、生活場面が特定できない表現です。「このまま2人で在宅生活が続けられる」という目標は、「望む暮らし」です。利用者の現時点での最終到達目標であり、24 時間の生活がすべて含まれてしまいます。第2表の目標として掲げ

るのではなく、第1表の「利用者及び家族の生活に対する意向を踏まえた課題分析の結果」および「総合的な援助の方針」に記載します。

また、「不安なく過ごす」という目標は、利用者の主観的現実世界（主観的QOL）、つまり心のなかの改善です。人の心は見えません。また、瞬時に変化するものであり、具体性、客観性がないので目標として明確ではなく評価の軸がありません。

漠然とした目標では、「誰が、いつ、どこで、何を、どのように」という具体的な手立て（ケアプランでは「サービス内容」）を導き出すこともできなくなります。**情報の共有をするためには、「就寝（睡眠）」「離床」「整容」「入浴」「食事・調理」「排泄」「買い物・掃除・金銭管理等」「趣味・嗜好・余暇・外出等」といったように、生活場面を明確にして目標を設定することで、初めて「手立て（サービス内容）」と「担当（サービス種別）」が明確化できます。**「手立て」と「担当」が明確になることで、モニタリングをスムーズに行うことができ、サービス担当者会議が効率的に実施できるというメリットも出てきます。

解決すべき課題 （ニーズ）	長期目標	短期目標	サービス内容
不安なく過ごしたい（過ごす）。	安心して過ごす。	不安なく過ごす。	廊下に手すりを設置する。 浴室にシャワーチェアを設置する。 間違いなく服薬できるように、お薬カレンダーを設置する。 娘に朝と夜に安否確認の電話をしてもらう。

ニーズと目標に具体性がない（生活場面が明確ではない）ために、24時間のさまざまな生活場面における不安要素が頭に浮かんでしまい、生活場面をしぼれずに「サービス内容」が箇条書きになってしまっています。箇条書きになることで、誰が、いつ、どこで、何を、どのようにすればよいのかの統一（標準化）ができない（利用者、家族、スタッフが何をすべきかがわからない）ために自立に向けた統一した支援ができなくなり、自立支援が成立しません。

▽ 修正

解決すべき課題 （ニーズ）	長期目標	短期目標	サービス内容
何かあったときには娘に連絡がとれるようにしておきたい（しておく）。	娘に連絡がとれる。	緊急通報装置はいつも身近に置いておく。	誰が、いつ、どこで、何を、どのように、を書く
		娘に携帯電話に朝と夜に電話してもらう。	

Point 89　「サービスは「目標」ではなく「手段」」＝「目標」にサービスを記載しない

　「デイサービスが楽しみ。とにかくデイサービスに行きたい！」と話される利用者を担当したことがあります。そこまで言うなら、ニーズ欄に「デイサービスに行きたい」と記載してあげたい気持ちになります。しかし、利用者の本当の目的は「デイサービスに行くこと」そのものではなく、行った先に何らかの楽しみがあるはずです。「デイサービスの何が楽しみですか？」と尋ねると、「何気ないおしゃべり」「レクリエーション」など、さまざまな答えが返ってきました。利用者がデイサービスの利用に感じているニーズを深く掘り下げて、利用の目的を明確にしています。**サービスそのものは目的ではなく、あくまでも手段です。**ニーズ欄には記載しないように注意しましょう。

解決すべき課題（ニーズ）	長期目標	短期目標
デイサービスに行きたい（行く）。	デイサービスで楽しむことができる。	デイサービスに休まずに行くことができる。

↓ 修正

解決すべき課題（ニーズ）	長期目標	短期目標
入院前と同じようにいろいろな人との交流を楽しみたい（楽しむ）。	人との交流を楽しむ。	新しい友人をつくる。

深くアセスメントすると、本当のニーズが見えてくる。

22 第2表　サービス内容

Point90　「サービス内容」は利用者、家族にわかりやすく
　　　　　記載する
Point91　利用者の理解力や状態像に合わせて文章表現
　　　　　や量を変える
Point92　「サービス内容」は「誰が、いつ、どこで、何を、
　　　　　どのように」を明確にする
Point93　利用者、家族を位置づける
Point94　サービス内容は「時間の流れ」で整理する

Point 90　「サービス内容」は利用者、家族にわかりやすく記載する

　「サービス内容はどこまで書けばいいの？」という質問をたびたび耳にします。明らかに専門職同士の申し送りを目的として、専門用語を使用して簡潔に記載しているケアプランを見かけます。しかし、それでは利用者、家族は具体的に何をしてくれるのかがわかりません。サービス内容の「記載要領」には、「適切・簡潔に記載する」と明記されています。気になるのが、この「簡潔」という表現です。簡潔に書くことで利用者、家族、担当多職種に適切でわかりやすいサービス内容になるのでしょうか？　**わかりやすいサービス内容というのは、利用者、家族にも理解できる平易な言葉で、具体的に記されていることで、文字数の問題ではないのです。**

　また、簡潔に書かれているサービス内容というのは、実は「サービス内容」ではなく「サービスメニュー」なのです。詳細なサービスの共有ができないので、対応するスタッフ等の独自解釈により、サービスが自己流になってしまいます。これでは支援が標準化できないのに加えて、個別援助計画とのリンケージもできません。

解決すべき課題（ニーズ）	長期目標	短期目標
病気に注意しながら、気持ちよくお風呂に入りたい。	病気に注意しながら、気持ちよく入浴する。	病気に注意しながら、気持ちよく入浴する。

サービス内容	サービス種別
誘導 バイタルチェック 介助による入浴	デイサービス

「サービス内容」ではなくて「サービスメニュー」

修正

サービス内容	サービス種別
しばらくはデイサービスのみで入浴します。入浴前には、血圧、体温、脈を測ります。 ※目標血圧 130/80mmHg。血圧が 170mmHg 以上あれば、シャワー浴に変更します。脱衣時には皮膚状態の観察をします。週1回体重を測ります。自分で服を選び、更衣し、自分で洗いましょう。難しいところはお手伝いします。なるべく湯船につかってもらいます。転倒に気をつけます。お風呂上がりには、お茶などを飲んでいただきます。	デイサービス

Point 91　利用者の理解力や状態像に合わせて文章表現や量を変える

　「サービス内容」は、細かく書かなければ理解してもらえない利用者もいれば、ある程度整理して書いても十分に理解してもらえる利用者もいます。また、病状が不安定であったり、人生の最終段階にある医療ニーズ中心の利用者であれば、生命の保護や安楽が最優先されるので、医療にかかる専門用語を多用しなければならないこともあります。こういった場合には、難しい専門用語についてしっかりと説明します。**文章の量や表現は、利用者の理解力や状態像によって変化する**ことを理解しておきましょう。

Point 92　「サービス内容」は「誰が、いつ、どこで、何を、どのように」を明確にする

　サービス内容で最も大切なのは、「誰が、いつ、どこで、何を、どのように」するのか（してくれるのか）が、利用者、家族に明確にわかるように記されていることです。ケアマネジメントモデルは、利用者、家族、インフォーマルサポーター、フォーマルサービスが利用者のニーズ達成に向かって共同するのが特徴です。利用者、家族を含めた支援にかかわるすべての人が、自分のポジションと役割が理解できるように記載しなければなりません。「誰が、いつ、どこで、何を、どのように」が具体的に明記されると、**「サービス内容」がそのままモニタリングの評価軸になる**ので、モニ

第1章 インテーク
第2章 アセスメント
第3章 ケアプラン
第4章 サービス担当者会議
第5章 モニタリング
第6章 終結
第7章 実践への活かし方

タリングやサービス担当者会議の効率化にもつながります。また、**サービス事業者が個別援助計画を作成するときにとてもわかりやすくなります。**

Point 93　利用者、家族を位置づける

　「サービス内容」に自助と互助を位置づけると、当然「サービス種別」に利用者や**家族が登場する**ことになります。もし、サービス種別に利用者や家族が全く位置づけられずに、介護保険サービスのみが位置づけられているとしたら、利用者や家族の"現有能力を活かす"という視点ではなく、**多職種本位による時間短縮や事故予防というリスク管理に傾斜している可能性**があります。ただし、重度の利用者の場合には、利用者を位置づけることができない場合もあります。

Point 94　サービス内容は「時間の流れ」で整理する

　アセスメントの「分析・統合力」が一目でわかるのが「サービス内容」です。アセスメントの段階で、ステップ２で生活場面を明確にすることを意識しながらニーズを導き出し、ステップ３で目標を考え、その目標を達成するための手立てを時間の流れでほかの領域のニーズを統合し整理すると解説しました。このステップ３の手立てを言語化したものが、「サービス内容」です。**「サービス内容」を時間の流れに沿って具体的に明記することで、「誰が、いつ、どこで、何を、どのように」を共有することができます。**

図表３－２　Aさんの事例におけるサービス内容の整理

解決すべき課題（ニーズ）	長期目標	短期目標	サービス内容	サービス種別
手伝ってもらいながら家事をしたい	夫に手伝ってもらいながら家事をする	夫とスーパーYに買い物に行く	当面は、Bさんと車いすで買い物に行きましょう。 Cさんとあらかじめ購入食材を考えましょう。 脱水に注意し、水分を持参しましょう。 食材選びや支払いをしましょう。 塩分や脂肪分を控えた食材を購入しましょう。 転倒等の事故に気をつけましょう。	福祉用具貸与（車いす） Aさん Bさん（夫） Cさん（長女）

第1章 インテーク

第2章 アセスメント

第3章 ケアプラン

第4章 サービス担当者会議

第5章 モニタリング

第6章 終結

第7章 実践への活かし方

サービス内容		ニーズを「活動（役割）」に統合
当面は、ご主人と車いすで買い物に行きましょう。		妻としての役割の復活。脂質異常症、高血圧、脳梗塞の再発予防、基本動作の改善、左半身麻痺および現有身体機能の維持のための運動療法。
Cさんとあらかじめ購入食材を考えましょう。		妻としての役割の復活。認知症（認知機能）の維持、改善。
脱水に注意し、水分を持参しましょう。		脱水、便秘、脳梗塞の再発予防。
食材選びや支払いをしましょう。		妻としての役割の復活。認知症（認知機能）の維持、改善。
塩分や脂肪分を控えた食材を購入しましょう。		脂質異常症、高血圧、脳梗塞の再発予防のための食事療法。
転倒等の事故に気をつけましょう。		転倒予防。

column

サービス内容：記載要領

　令和3年度の居宅サービス計画書の様式の改正についての記載要領は、以下のようになっています。

サービス内容

> 　「短期目標」の達成に必要であって最適なサービスの内容とその方針を明らかにし、適切・簡潔に記載する。
> 　この際、家族等による援助や必要に応じて保険給付対象外サービスも明記し、また、当該居宅サービス計画作成時において既に行われているサービスについても、そのサービスがニーズに反せず、利用者及びその家族に定着している場合には、これも記載する。
> 「『介護サービス計画書の様式及び課題分析標準項目の提示について』の一部改正について」（令和3年3月31日老認発0331第6号）

　短期目標の達成に必要であって、最適なサービスの内容であること、家族等インフォーマルサポートも明記すること、ケアプラン作成においてすでに実施されているサービスも記載することなどの注意点が記載されています。

居宅サービス計画書（1）

| 利用者名 | A | 殿 | 生年月日　昭和 ○ 年 7 月 10 日（73 歳） |

居宅サービス計画作成者氏名　　　　　J

居宅介護支援事業者・事業所名および所在地　　　J居宅介護支援事業所　　兵庫県　Z市

居宅サービス計画作成（変更）日　　令和 ○ 年 10 月 25 日

認定日　　令和 ○ 年 10 月 1 日

要介護状態区分	要介護 1 ・ （要介護 2） ・ 要介護 3 ・
利用者及び家族の生活に対する意向を踏まえた課題分析の結果	Aさん　「こんな体になって家での生活ができるか不安です。で 　　　　りたいです」 Bさん　「関節リウマチで、手足の指、膝等のこわばりや痛みが 　　　　が、今まで頑張ってくれた妻を支えていきたいと思いま Cさん　「しばらくはリハビリをしっかりしてほしいと思いま 　　　　てもらえたらと思います」
介護認定審査会の意見及びサービスの種類の指定	なし
総合的な援助の方針	Aさんは、仕事や子育てに奮闘されながら、Bさんを支えてこら 安がありますが、Aさんが希望されるように、退院後は再び主婦 Bさんは、健康についての不安をもっておられます。すべて自分 さんを支えていきましょう。困りごとが出てきたら、いつでもご 退院直後なので、しばらくは健康管理と日常生活の組み立てを中 きましょう。また、Bさんとの趣味や、お友だち、ご近所との交 緊急連絡先：B（夫）さん　000 － 0000 － 0000（携帯） 　　　　　　E（次女）さん　000 － 0000 － 0000（携帯） 　　　　　　G医師（G内科クリニック）　000 － 000 － 0000（クリニック・日中） 　　　　　　P訪問看護ステーション　000 － 000 － 0000 （日中） 指定緊急避難場所：○○公民館
生活援助中心型の算定理由	1. 一人暮らし　　2. 家族等が障害、疾病等

作成年月日　令和 ○ 年 10 月 25 日

初回 ・ 紹介 ・ 継続　　　認定済 ・ 申請中

住所　　　Z市

初回居宅サービス計画作成日　令和 ○ 年 10 月 25 日

認定の有効期間　　令和 ○ 年 9 月 1 日　　〜　　令和 △ 年 8 月 31 日

要介護4　・　要介護5

も体を治して、今までのように家事をしながら、家族や友人と趣味や外出ができるようにな

あり無理ができないため、介護ができるか心配です。先々のことを考えると不安もあります
す。まだ若いので、しっかりと体を動かして元気になってほしいと思います」
す。私も次女も簡単には訪問できず、また父親は家事が得意ではないので、少し調理を手伝っ

れました。今ではご家族やご友人に囲まれ、穏やかな日々を過ごしておられます。病気の不
として家事をこなすことができるように一緒に考えさせていただきます。
でと思わずに、周囲の方々に手伝ってもらったり、サービスを上手に活用して、無理なくA
相談ください。
心に支援させていただきます。事故に注意しながら、できる範囲でどんどん体を動かしてい
流も再開できるように考えていきましょう。

000 − 000 − 0000（自宅）　C（長女）さん　000 − 0000 − 0000（携帯）

000 − 000 − 0000（携帯・夜間）
000 − 000 − 0000（携帯・夜間）

3．その他（　　　　　　　　　　　　　　　　　　　　　　　　　　　　）

第1章　インテーク

第2章　アセスメント

第3章　ケアプラン

第4章　サービス担当者会議

第5章　モニタリング

第6章　終結

第7章　実践への活かし方

第2表

居宅サービス計画書(2)

利用者名　　　　　A　　　　　殿

| 生活全般の解決すべき課題（ニーズ） | 目　標 | | | |
	長期目標	（期間）	短期目標	（期間）
病気が再発しないようにしたい	脳梗塞の再発を予防する	令和〇年9月1日 〜 令和△年8月31日	定期受診する	令和〇年9月1日 〜 令和△年2月28日
			日々の健康管理をする 体調変化時に連絡する	令和〇年9月1日 〜 令和△年2月28日
			確実にお薬を飲む	令和〇年9月1日 〜 令和△年2月28日
健康に気をつけながらおいしくご飯が食べたい	健康に気をつけながらおいしくご飯を食べる	令和〇年9月1日 〜 令和△年8月31日	塩分や脂肪分を控え、栄養バランスに気をつける	令和〇年9月1日 〜 令和△年2月28日
			左側にある食事を意識する	令和〇年9月1日 〜 令和△年2月28日
			食後、就寝前には歯磨きをする	令和〇年9月1日 〜 令和△年2月28日
安心して散歩できるようになりたい	家の周囲を4点杖で歩くことができる	令和〇年9月1日 〜 令和△年8月31日	一人で起き上がり、立ち上がりができて、家の中を伝い歩きができる	令和〇年9月1日 〜 令和△年2月28日

※1　「保険給付の対象となるかどうかの区分」について、保険給付対象内サービスについては〇印を付す。
※2　「当該サービス提供を行う事業所」について記入する。

作成年月日　令和 ○ 年 10 月 25 日

援助内容					
サービス内容	※1	サービス種別	※2	頻度	期間
ご主人もしくはCさんが受診の対応をしてくれます。病状に変化があったときや心配なこと等あればご相談ください。定期的な診察をします。		Bさん Cさん 診察	 G内科クリニック	2回／月程度	令和○年9月1日 〜 令和△年2月28日
Aさんに体調を確認します。体温、脈拍、血圧を測り、麻痺等の変化、しびれ、めまい、皮膚の状態、またお薬の状況について確認し、G先生に報告します。病状変化があったときはG先生に連絡し、対応を相談します。体調の悪いときはいつでも連絡してください。作業療法士、ケアマネジャーとも連携します。	○	訪問看護	P訪問看護ステーション（Ns）	1回／週	令和○年9月1日 〜 令和△年2月28日
お薬はご主人が管理してくれますが、自分でもできるだけ管理しきちんと飲みましょう。		Aさん Bさん		毎日	令和○年9月1日 〜 令和△年2月28日
塩分、脂肪分の摂り過ぎに注意します。栄養バランスのよい食事を心がけます。お茶をしっかりと飲んでいただきます。お茶碗等のちいさな食器は左手に持って食べていただきます。	○ ○	ご家族 訪問介護 通所介護	 Qヘルパー事業所 Rデイサービス	毎日 2回／週 2回／週	令和○年9月1日 〜 令和△年2月28日
左側にある食事を意識するようにしましょう。周囲の人が声かけしてくれます。	○ ○	Aさん ご家族 訪問介護 通所介護	 Qヘルパー事業所 Rデイサービス	毎日 2回／週 2回／週	令和○年9月1日 〜 令和△年2月28日
洗面台の前でいすに座って、食後、就寝前に歯磨きを行いましょう。		Aさん		毎日	令和○年9月1日 〜 令和△年2月28日
デイサービスでも食後には歯磨きをしましょう。	○	通所介護	Rデイサービス	2回／週	令和○年9月1日 〜 令和△年2月28日
家の中で足の力をつける訓練と玄関、居間、寝室からトイレ、キッチン、洗面台等までの移動の訓練を行います。様子を見て家の外にも出てみましょう。寝起きしやすいよう電動ベッドを利用します。	○ ○	訪問看護（リハ職） 福祉用具貸与 （電動ベッド一式）	P訪問看護ステーション（OT） S福祉サービス	1回／週 毎日	令和○年9月1日 〜 令和△年2月28日 令和○年9月1日 〜 令和△年2月28日

第1章 インテーク

第2章 アセスメント

第3章 ケアプラン

第4章 サービス担当者会議

第5章 モニタリング

第6章 終結

第7章 実践への活かし方

居宅サービス計画書(2)

利用者名　　　　　Ａ　　　　　殿

| 生活全般の解決すべき課題（ニーズ） | 目　標 | | | |
	長期目標	（期間）	短期目標	（期間）
安心して散歩できるようになりたい	家の周囲を４点杖で歩くことができる	令和〇年9月1日〜令和△年8月31日	一人で起き上がり、立ち上がりができて、家の中を伝い歩きができる	令和〇年9月1日〜令和△年2月28日
安心してトイレに行きたい	安心してトイレに行く	令和〇年9月1日〜令和△年8月31日	安心してトイレに行くことができる	令和〇年9月1日〜令和△年2月28日
気持ちよくお風呂に入りたい	気持ちよくお風呂に入る	令和〇年9月1日〜令和△年8月31日	気持ちよくお風呂に入る	令和〇年9月1日〜令和△年2月28日

※１　「保険給付の対象となるかどうかの区分」について、保険給付対象内サービスについては〇印を付す。
※２　「当該サービス提供を行う事業所」について記入する。

作成年月日 令和 ○ 年 10 月 25 日

援助内容					
サービス内容	※1	サービス種別	※2	頻度	期間
作業療法士と連携して、機能訓練を行います。移動は見守りながら4点杖で歩いてもらうよう促します。	○	通所介護	Rデイサービス	2回/週	令和○年9月1日〜令和△年2月28日
手すりを設置します（玄関前、玄関、廊下、トイレ）。居間のソファーを立ち上がりしやすいものに変更をお願いします。	○	住宅改修 Bさん	T工務店	施行済 至急	
日中は歩いてトイレに通いましょう。デイサービスでも同様です。夜間は転倒予防を重視し、ポータブルトイレで様子を見ていきましょう。見守り・衣類の介助をお願いします。※Bさんが不在のときはポータブルトイレを使用。便秘にならないように水分をしっかり摂りましょう。下剤の服用も忘れないようにしましょう。	○	Aさん 通所介護 Bさん	Rデイサービス	毎日 2回/週 毎日	令和○年9月1日〜令和△年2月28日
ポータブルトイレを導入します。片手で使用しやすいトイレのペーパーホルダーを導入します。	○	福祉用具購入	S福祉サービス	導入済	令和○年9月1日〜令和△年2月28日
しばらくはデイサービスのみで入浴します。入浴前には、体温、脈拍、血圧を測ります。※目標血圧130/80mmHg。血圧が170mmHg以上あれば、シャワー浴に変更します。脱衣時には皮膚状態の観察をします。週に1回体重を計ります。自分で服を選び、更衣し、自分で洗いましょう。難しいところはお手伝いします。なるべく湯船につかっていただきます。転倒に気をつけます。お風呂上がりには、お茶などを飲んでいただきます。	○	通所介護	Rデイサービス	2回/週	令和○年9月1日〜令和△年2月28日

居宅サービス計画書（2）

利用者名　　　　　A　　　　　殿

| 生活全般の解決す | 目　標 | | | |
べき課題（ニーズ）	長期目標	（期間）	短期目標	（期間）
手伝ってもらいながら家事をしたい	ホームヘルパーに手伝ってもらいながら食事を作る	令和○年9月1日〜令和△年8月31日	ホームヘルパーに手伝ってもらいながら食事を作る	令和○年9月1日〜令和△年2月28日
	夫に手伝ってもらいながら家事をする	令和○年9月1日〜令和△年8月31日	夫とスーパーＹに買い物に行く	令和○年9月1日〜令和△年2月28日
			洗濯物たたみや机の拭き掃除をする	令和○年9月1日〜令和△年2月28日
入院前と同じようにいろいろな人との交流を楽しみたい	いろいろな人との交流を楽しむ	令和○年9月1日〜令和△年8月31日	子ども達や孫との交流を楽しむ	令和○年9月1日〜令和△年2月28日
			幼馴染との交流を楽しむ	令和○年9月1日〜令和△年2月28日
			仲のよいご近所との交流を楽しむ	令和○年9月1日〜令和△年2月28日
			新しい友人をつくる	令和○年9月1日〜令和△年2月28日
			夫とプランターで花や野菜をつくる	令和○年9月1日〜令和△年2月28日
姉の仏壇参り、お墓参りをしたい	姉の仏壇参りをする	令和○年9月1日〜令和△年8月31日	姉の仏壇参りをする	令和○年9月1日〜令和△年2月28日
	姉のお墓参りをする	令和○年9月1日〜令和△年8月31日	姉のお墓参りをする	令和○年9月1日〜令和△年2月28日

※1　「保険給付の対象となるかどうかの区分」について、保険給付対象内サービスについては○印を付す。
※2　「当該サービス提供を行う事業所」について記入する。

作成年月日　令和 ○ 年 10 月 25 日

援助内容					
サービス内容	※1	サービス種別	※2	頻度	期間
作業療法士と調理方法を検討し、器具、食器を導入します。ホームヘルパーと一緒に好きなちらし寿司や煮物などを調理しますが、塩分、脂肪分を控えます。	○ ○	訪問看護（リハ職） 訪問介護	P訪問看護ステーション（OT） Qヘルパー事業所	1回/週 2回/週	令和○年9月1日 〜 令和△年2月28日
当面は、Bさんと車いすで買い物に行きましょう。Cさんとあらかじめ購入食材を考えましょう。脱水に注意し、水分を持参しましょう。食材選びや支払いをしましょう。塩分や脂肪分を控えた食材を購入しましょう。転倒等の事故に気をつけましょう。		福祉用具貸与（車いす） Aさん Bさん Cさん	S福祉サービス	毎日 随時	令和○年9月1日 〜 令和△年2月28日
洗濯物たたみや居間、キッチンの机の拭き掃除をしましょう。		Aさん Bさん		毎日	令和○年9月1日 〜 令和△年2月28日
子どもさんやお孫さんが遊びに来てくれます。これからも楽しみましょう。		Aさん ご家族		随時	令和○年9月1日 〜 令和△年2月28日
仲のよい幼馴染が3人いらっしゃるとのことです。これからもこの交流を大切にしてください。		Aさん 幼馴染の方		随時	令和○年9月1日 〜 令和△年2月28日
両隣のNさん、Oさんが遊びに来てくれます。Bさんの写真クラブ参加のときにも来ていただけるそうです。		Aさん Nさん Oさん		随時	令和○年9月1日 〜 令和△年2月28日
デイサービスで新しい友人をつくりましょう。スタッフが席次の配慮や会話のお手伝いをします。食事やレクリエーション、季節の行事などを一緒に楽しみましょう。	○	通所介護	Rデイサービス	2回/週	令和○年9月1日 〜 令和△年2月28日
Bさんがプランターの一部をリビングに移動してくれるとのことです。花や野菜づくりを楽しみましょう。		Aさん Bさん		随時	令和○年9月1日 〜 令和△年2月28日
長年お姉様の仏壇参りをされてきました。Bさんに手伝ってもらいながらこれからも続けていきましょう。		Aさん Bさん		毎日	令和○年9月1日 〜 令和△年2月28日
Bさんと一緒にお盆、お彼岸にはお姉様のお墓参りを続けてこられました。これからも続けていきましょう。		Aさん Bさん		随時	令和○年9月1日 〜 令和△年2月28日

週間サービス計画表

要介護度　　　　　要介護２
利用者名　　　　　　　Ａ　　　　　　　殿

		月	火	水	木
深夜	4:00				
早朝	6:00				
午前	8:00				
	10:00				
		訪問介護 10:30～11:30			訪問介護 10:30～11:30
	12:00		9:00～16:00 通所介護		
午後	14:00	訪問看護（Ns） 14:00～14:30		訪問看護（OT） 14:00～15:00	
	16:00				
夜間	18:00				
	20:00				
深夜	22:00				
	24:00				
	2:00				
	4:00				

週単位以外の サービス	福祉用具貸与　住宅改修　Ｇ内科クリニック通院（１回／月）

作成年月日　令和 ○ 年 10 月 25 日

令和 ○ 年 10 月分より
作成者　　J

金	土	日	主な日常生活上の活動
			※退院後（想定）
			起床、更衣
			朝食、整容、歯磨き
			居間で座って過ごす、テレビ鑑賞、ホームヘルパーと一緒に調理をする
9:00〜16:00 通所介護			調理、机拭き、昼食
			居間で過ごす、夫と趣味のプランター、友人との外出、仲良しのご近所との茶話会、夫と買い物、洗濯物たたみ、歩行訓練等
	夫と買い物		
	長女・次女訪問	長女・次女訪問	
			机拭き、夕食
			就寝準備、歯磨き
			テレビ鑑賞
			就寝

第1章 インテーク
第2章 アセスメント
第3章 ケアプラン
第4章 サービス担当者会議
第5章 モニタリング
第6章 終結
第7章 実践への活かし方

第4章

サービス担当者会議

サービス担当者会議を通じて、利用者、
家族と多職種のチームとしての信頼関係構築の
方法と、ケアプランの内容を共通理解し、
それぞれの役割を明確にして、さらにケアプランを
ブラッシュアップしていく方法を学びます。

目標の共有

　サービス担当者会議は、利用者およびその家族とともに作成した居宅サービス計画（以下ケアプラン）原案の内容について、そのケアプラン原案に位置づけた居宅サービス事業所等の担当者に専門的な見地から意見を求めることを通じて、ケアプラン原案の内容を高めていく場とされています。

　また、**サービス担当者会議は利用者やその家族を主体として開催されるものであり、サービス担当者等との意見交換を行う場**としても位置づけられており、**ケアプランの目指す目的を共有する場**ともいえます。

　すなわち、**サービス担当者会議の目的**は、①**利用者や家族の生活全体を共通理解すること**、②**支援目標といわれる「本人や家族の生活に対する意向」や支援者側の「総合的な援助の方針」について共通理解すること**、③**利用者の生活全般の解決すべき課題を利用者、家族、サービス担当者等が共有すること**、④**ケアプラン原案の内容を相互に深めること**、⑤**作成されたケアプラン原案でのサービス提供者の相互の役割分担を理解すること**とされています。加えて、利用者、家族を含めてケアプランに位置づけたチームメンバーが、一堂に顔を合わせられる場がサービス担当者会議です。お互いの顔を知ることで**チームとしての意識が生まれる**こと、さらには、利用者、家族にチームメンバーを知ってもらうことで、**信頼関係構築の場**とすることができます。

Point 95 利用者の利益を最優先して候補の事業者を選定する

　作成したケアプラン原案の実施に向けて重要となるのが、サービス事業所の選定です。ケアマネジャーには、アセスメントから導き出した課題と目標に対し、最も効果的で適した事業所を選定し位置づけることが求められます。

　なぜなら、ケアマネジャーは介護保険法の理念に基づき、**公正中立という職業倫理**

を全うしなければなりません。加えて、ケアマネジャーは、対人援助職者として**利用者や家族の最大福祉・最大利益を最優先する**ことが求められます。自身が所属する組織の利益と、利用者や家族の利益の狭間で、倫理的ジレンマに陥るかもしれません。そのときは、ケアマネジャーとして**「何を目的に、どのように働くか」**という信念に立ち返り、利用者利益を最優先に考えて事業所を選定しなければなりません。

　施設ケアマネジメントを担う計画担当ケアマネジャーは、サービス担当者会議をカンファレンスと呼び変えて開催している事業所があります。この場合も、**入所者の最大利益を最優先するためのカンファレンス**を意識して開催する必要があります。

column

照会等で意見を求める場合

　利用者（末期の悪性腫瘍の患者に限る）の心身の状況等により、主治の医師又は歯科医師の意見を勘案して必要と認める場合その他のやむを得ない理由がある場合については、担当者に対する照会等により意見を求めることができます。

（「指定居宅介護支援等の事業の人員及び運営に関する基準」第13条第9号）

事例　Aさんの地域生活を支えるためのサービス担当者会議 `事例で学ぶ`

退院を目前に控え、脳梗塞の後遺症を負いながらも「体を治して、今までのように家事をしながら、家族や友人と趣味や外出ができるようになりたい」というAさんの思いやそれを支えていこうとするBさんや家族の思いや不安を聞かせていただきました。自宅の環境や自宅周辺の状況も確認し、自宅だけの生活を前提にするのではなく、昔なじみの友人たちとの交流も大切にできるように、**Aさんの可能性を最大限に引き出せるようケアプラン原案を作成**しました。

　Aさんが病院を退院し自宅に戻る10月30日に向け、**ケアプラン原案につ**

第1章 インテーク

第2章 アセスメント

第3章 ケアプラン

第4章 サービス担当者会議

第5章 モニタリング

第6章 終結

第7章 実践への活かし方

いてその目標を共有し、**専門的な見地から意見を求める**ために、利用者や家族をはじめ主治医、ケアプラン原案に位置づけた居宅サービス事業所等の担当者とサービス担当者会議を開催する調整を行います。

事例　サービス担当者会議開催についての説明

ケアマネジャー： 「Ａさん、Ｂさん、あと5日で退院ですね。本日ご確認いただいたケアプランの内容を、専門的な視点から意見交換していただく会議を開催したいと考えています。この会議は、Ａさんの病気が再発しないように、また、Ａさんが助けてもらいながらも自分の力で家の中やご近所を歩くこと、これまでやってきた家事も少しずつできるようになるために退院後の生活をどのように支援するかを検討する大切な会議です。会議は、退院日に合わせて、10月30日の14時からＡさんのご自宅で開催させていただきたいのですが、大丈夫でしょうか」

Ｂさん： 「退院は午前中と聞いています。長女もその日は都合をつけて病院まで迎えにきてくれると話してくれていたので、立ち会ってもらえるか聞いてみます。私たちは、問題ないです」

Ａさん： 「すみませんが、どのような方が来られるのでしょうか。知らない方が家に来ることがあまりなかったので、少し不安です」

ケアマネジャー： 「この度の会議に参加をお願いするのは、Ａさんの主治医のG先生、日々の健康管理やリハビリをお願いする訪問看護ステーションの担当さん、調理や食事に関してサポートをお願いする訪問介護事業所の担当さん、Ａさんの脳梗塞の後遺症をできるだけ改善できるように日常生活を意識した活動をサポートしてもらい、お風呂も安心して入ることができるように依頼したデイサービスの担当さん、あとは、寝起きがしやすくなるようにベッドの導入や夜間のトイレを安全に行う目的でポータブルトイレを導入しますの

で、福祉用具専門相談員さんと、先日の家屋調査で確認を行った段差や立ち上がりを行う場所など、Aさんの室内での動きを安全な環境でサポートする目的で退院までに手すり等を設置するので、その工事をお願いした工務店の担当さんに声かけをします。皆さんが参加できるかどうかわかりませんが、**参加が無理な場合は、あらかじめケアプランを提示して必要なことを私からお伝えしておきます。会議当日までには、意見をいただけるように準備をしますね**」

Aさん：「たくさんの方が来ていただけるのですね。**初めての方が多いので、正直、緊張します。**何かいろいろと聞かれるのでしょうか」

ケアマネジャー：「Aさんのご心配はよく理解できます。ご自身でお話しづらいことも当然あると思いますので、当日は、**Aさんの隣に座って私からもAさんに確認しながらお伝えしていきますね**」

緊張をやわらげる声かけ

第1章 インテーク

第2章 アセスメント

第3章 ケアプラン

第4章 サービス担当者会議

第5章 モニタリング

第6章 終結

第7章 実践への活かし方

退院前カンファレンスとサービス担当者会議

　介護保険サービスを利用するきっかけの多くは、加齢に加え病気（疾病）あるいはけが（受傷）によって心身機能が悪化し、自立した日常生活ができなくなることが原因と考えられます。こうした場合、医療機関では在宅生活の可能性を探りながら治療やリハビリテーションを計画的に実施していきます。そして、一定の結果が見極められると、退院に向けて具体的な情報共有の場を設けることになります。この場が、退院前カンファレンスと呼ばれるものです。このカンファレンスは、病院側が招集する会議です。退院後に当事者の在宅生活を支援する担当者等を集め、現在の疾患の状況、入院中の様子、入院生活時の支援内容等を担当者等と共有し、退院後の在宅生活を送るうえで大切な情報や留意点を確認する場といえます。

　一方、サービス担当者会議は、ケアマネジャーが招集する会議です。アセスメントに基づき作成したケアプラン原案について、「課題の捉え方」「目標のあり方」「目標達成のための方法」などについて、**原案に位置づけたサービス担当者等の専門的な見地からの意見**を聞き、同席した利用者・家族とも意見交換を行うなかで**合意形成を図り、ケアプランとして実施に向けた調整を図る場**といえます。

退院前カンファレンスとサービス担当者会議のイメージ

退院前カンファレンス

サービス担当者会議

第1章 インテーク

第2章 アセスメント

第3章 ケアプラン

第4章 サービス担当者会議

第5章 モニタリング

第6章 終結

第7章 実践への活かし方

24 サービス担当者会議開催の調整

Point96　できるだけ参加者の多くが集まる日時を調整する
Point97　不参加事業所および協力者から意見聴取を行う

Point 96　できるだけ参加者の多くが集まる日時を調整する

　サービス担当者会議を開催する日時は、ケアプラン原案に位置づけたサービス担当者等ができるだけ多く参加できる日時を優先します。初回のサービス担当者会議開催の時点では、ケアプラン原案に位置づけたサービス事業所と利用者との間には信頼関係が築かれていません。そのため、利用者についての理解を深め、**ニーズと目標の共有とそれぞれの役割について相互理解を図る**ためにも、関係者全員に参加をしてもらうことが理想です。しかし、時間的な制約から、参加が困難な担当者もいます。そうした場合、会議において検討すべき課題の優先順位を見極め、**その順位性の高い課題を担う担当者が、参加の可能な日時を優先**して決定します。

事例　サービス担当者会議の開催と準備　　　事例で学ぶ

　Aさんご夫婦の同意を得て、退院日（10月30日）の午後2時にご自宅でサービス担当者会議を開催することにしました。事前に、**ケアマネジャーからG先生、サービス事業所にはAさんの退院日に合わせてサービス担当者会議開催の予定を伝えていました**。本日、ケアプラン原案について内容を説明し、Aさんご夫婦から同意を得たので、原案に位置づけたG先生と担当者宛に「サービス担当者会議開催のご案内（次第を含む）」と「ケアプラン原案（検討事項を添付）」「出欠確認票」をメールで配信しました。「出欠確認票」には、欠席の場合の意見欄を設けており、**回答の際に記載して返信するよう依頼**をしました。

　Aさんの仲のよい幼馴染のKさん、Lさん、Mさんの3人には、サービス

担当者会議の趣旨説明も必要なため、直接ご自宅に伺うことにしました。あいにく、開催当日は3人とも生け花のボランティア活動に参加するとのことで欠席となりました。Aさんの退院後の支援について説明をしたところ、3人とも「幼馴染だからね。大切な友達なので、協力しますよ」と快く返事をいただきました。

翌日、送信先の各事業所から出欠確認票の回答の返信があり、G先生を含め、担当者から出席の回答がありました。G先生からは、Iリハビリテーション病院の担当医からの紹介状や看護サマリー情報に基づいたAさんの医療面における注意事項や生活上の留意点などが意見欄に記載されていました。

column

主治医の参加

　サービス担当者会議に主治医が参加できることは、医療と介護の連携を強化する、介護保険サービスを利用するきっかけとなった疾患の予後についてチーム全体で理解する場となるため、大変望ましいことです。主治医が診療業務との調整が可能な時間帯を事前に相談しておき、利用者および家族を含む参加者が医師の医療機関で会議を開催することも有効な手段となります。しかし、現実的には、主治医の参加は難しい状況が多いようです。そのため、前もって主治医に意見を聞き、サービス担当者会議でその内容を代弁します。利用者の疾患や身体状態、症状、医療面から生活に注意することなどを具体的に聞いておきましょう。

Point 97　不参加事業所および協力者から意見聴取を行う

　利用者および家族は、特別な事情がない限り、原則、参加で調整を行います。主治医については、診察や往診等で参加調整が困難な場合があります。また、時間帯によっては、サービス担当者の業務が忙しくなる時間帯と重なるために参加ができないこともあります。そうした場合は、サービス担当者会議の開催日までに、居宅サービス計画原案の内容について、専門的な立場から意見を聴取しておくことが大切です。

　居宅サービス計画原案に位置づけたすべての担当者に向けて、「サービス担当者会議開催のお知らせ」を発出する際に、①**開催の日時**、②**場所**、③**開催の目的**、④**会議のテーマ（何について話し合うのか）**を伝えておくことも大切です。そのため、**居宅サービス計画原案は、事前に参加者の手元に渡る**ようにしておきます。担当者は、会議までに居宅サービス計画作成の目的や意図を理解し、自身にどのような役割が求められているのかを知ることが可能となります。これにより、サービス担当者会議の進行がスムーズとなり、会議が目指す合意形成も効率よく達成することが可能となります。

　欠席が確定した担当者についても、ケアプラン原案の目的や方針、個々の生活全般の解決すべき課題（ニーズ）と達成目標、それぞれの目標達成に導入されるサービス内容や期間と頻度などを確認することで、専門的見地からの意見を前もってケアマネジャーに伝えやすくなります。**利用者の権利擁護やチームケアの観点**から重要な働きかけとなります。

column

サービス担当者会議の開催手段

　サービス担当者会議を対面で開催するのではなく、テレビ電話装置その他の情報通信機器を活用して開催する場合、家族・利用者が参加する場合にあっては、テレビ電話装置等の活用について、事前に利用者・家族にその旨を伝えて同意を得ておく必要があります。

（「指定居宅介護支援等の事業の人員及び運営に関する基準」第13条第9号）

第1章 インテーク

第2章 アセスメント

第3章 ケアプラン

第4章 サービス担当者会議

第5章 モニタリング

第6章 終結

第7章 実践への活かし方

25 チームアプローチとしての サービス担当者会議

Point98　ニーズと目標、役割分担をチームで共通理解する

| Point 98 | ニーズと目標、役割分担をチームで共通理解する |

アセスメントから導き出された課題と、設定した目標を「誰が、いつ、どこで、何を、どのように」達成していくのかを計画的に見える化したものがケアプランとなります。「利用者の望む暮らし」を実現していくためには、ケアプラン原案に位置づけた**サービス提供担当者との連携と協働が必須**となります。

特に、利用者および家族と共有してきた「今後の生活への思い」や「生活に支障をきたしている問題」「達成目標に向けて必要な取り組み」などについて、原案に位置づけた担当者等と共有することが重要です。チームが、原案に設定されたニーズや目標、担当者の役割を相互に理解することは、サービス担当者会議を通じて合意形成されたケアプランの実施を通して、**チームアプローチの実践力向上にも影響**します。

column

やむを得ない理由

サービス担当者会議は、やむを得ない理由がある場合については、サービス担当者に対する照会等により意見を求めることができます。ここでいうやむを得ない理由とは、利用者（末期の悪性腫瘍の患者に限る）の心身の状況等により、主治の医師又は歯科医師の意見を勘案して必要と認める場合、開催の日程調整を行ったが、サービス担当者の事由によりサービス担当者会議へ参加が得られなかった場合、居宅サービス計画であって、利用者の状態に大きな変化が見られない等における軽微な変更の場合等が想定されていま

す。これらの場合も、緊密に相互の情報交換を行うことにより、利用者の状況等についての情報や居宅サービス計画原案の内容を共有できるようにしておかなければなりません。

（「指定居宅介護支援等の事業の人員及び運営に関する基準」第13条第9号）

第1章 インテーク

第2章 アセスメント

第3章 ケアプラン

第4章 サービス担当者会議

第5章 モニタリング

第6章 終結

第7章 実践への活かし方

事例 Aさんの全体像を理解する

事例で学ぶ

Aさんは、アテローム血栓性脳梗塞のため、左半身の中度の運動麻痺や半側空間無視等の後遺症で、日常生活に支障をきたしました。入院治療とリハビリテーション療法を受け、このたび退院する運びとなりました。サービス担当者会議では、担当者それぞれがAさんの今後の生活を支えるために作成したケアプラン原案について専門的な見地から意見を交わし、チームとして合意形成を図っていくことになります。

Aさんのケアプラン原案に記載された生活に対する意向は、「こんな体になって家での生活ができるか不安です。でも体を治して、今までのように家事をしながら、家族や友人と趣味や外出ができるようになりたい」です。

Aさんが脳梗塞に至った要因は、脂質異常症、高血圧症等の生活習慣病の影響と思われます。Aさんの脳梗塞再発防止は、退院後の受診や服薬管理を徹底して血圧を安定させること、医師から注意を受けたことを守り、塩分、脂肪分を控えた食事をとっていくことが最優先課題となります。

血圧は内服にて 130/80mmHg と安定していますが、ときに収縮期血圧が 170mmHg となる場合もあるため、脳梗塞の再発防止には血圧値やコレステロール値を継続的に把握することや状態観察を実施していくことが必要と判断します。

食生活は、主治医の指示のとおり、塩分 6g 未満、脂肪分の多い食品、水分補給などに注意が必要となります。また、左片麻痺による機能障害で、トイレでの排泄時には介助が必要となるため、関節リウマチを患う夫への遠慮や失禁を気にするあまり、水分摂取を控える傾向がみられることも注意が必要です。加えて、夜間は転倒のリスクに配慮することも考慮しておかなければ

なりません。

これからのリハビリテーションは、自宅と施設の環境を活用して福祉用具も検討しながら生活機能の回復を目指す計画となります。そして、健康に気をつけた食事をすることで、退院後の病気の悪化を防ぎ、より食事を楽しむことができるようになること、活動面では、家の中での歩行が安定することでAさんの望んでいる家事にも挑戦できること、最終的には、家の周辺の散歩、大好きなお花や野菜なども育てられるような目標を目指していきます。

このように、サービス担当者会議は、Aさん、Bさん、ケアプラン原案に位置づけたサービス事業者とが1つのチームとして目標を共有し、その目標を達成するために自らの役割を認識する場となり、それぞれの機能と役割を相互理解することで、チームの基盤形成が行われ、より一層のチームアプローチを展開することが期待できます（Point98）。

column

利用者自身のプランとして共有していく

ケアプランは利用者主体のプランといえます。「望む暮らし」の実現には、利用者自身が生活上の問題と捉えていることをどのように解決していくのかについて、しっかりと認識（理解）していることが必要です。

サービス提供担当者の支援を、問題の解決に向けて効果的に活用していくためには、利用者自身が前向きでポジティブな気持ちで取り組まなければなりません。**到達すべき目標は利用者自身の目標**であって、サービス提供担当者の目標ではないからです。

そのためにも、サービス担当者会議の場では、利用者が自身のニーズや目標を担当者と共有し、チームからの承認を受けて取り組むことがチームアプローチの形成には欠かせません。

column

インフォーマルサポートの参加

　利用者の多くは、地域生活を通じてパーソナルな関係を築いてきました。ケアマネジャーは、その関係も把握し、利用者の「望む暮らし」の実現のために協力を依頼しながら、ケアプラン原案の立案に取り組まなければなりません。しかし、居宅サービス事業所等の担当者とは異なり、友人、知人、地域住民等は、守秘義務の配慮や、方針の共有が難しく、場合によってはトラブルに繋がるケースもあります。サービス担当者会議への参加については、**事前に利用者や家族に承諾を得る**こと、利用者の今後の生活における目標と、どういった役割を担ってもらうのかを明確にしておくことが大切です。

第**1**章　インテーク

第**2**章　アセスメント

第**3**章　ケアプラン

第**4**章　サービス担当者会議

第**5**章　モニタリング

第**6**章　終結

第**7**章　実践への活かし方

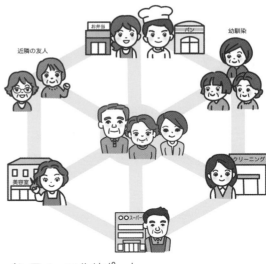

インフォーマルサポート

26 サービス担当者会議 当日の展開

Point99 議事進行の効率化をはかる
Point100 ケアプランが目指すものを参加者が共通理解する

Point 99 議事進行の効率化をはかる

　原則、サービス担当者会議にはケアプラン原案に位置づけたすべてのサービス事業所の担当者や協力者等を招集します。しかし、多くの場合、参加者がサービス担当者会議に参加が可能な時間は限られています。そこで、限られたサービス担当者会議の時間を効率よく活用できるよう、ケアマネジャーは開催当日に向けて準備をしなければなりません。

　特に、サービス担当者会議の開催目的や協議内容から会議時間を予測し、効果的に進行ができるように、項目ごとにかかる時間をあらかじめシミュレーション（次第作成）しておき、その予定に沿って議事進行ができるようにしておくことが大切です。

　また、参加を招集する際にも、事前にサービス担当者会議の議事次第とともに、**会議の開催目的や協議事項などを合わせて伝えておく**と、当日の会議の進行がスムーズに運びます。加えて、サービス担当者会議の開始から終了までにどの程度の時間を要するかを付記しておくと、参加者がそれを目安として参加の準備ができます。

　加えて、ケアマネジャーは、**会議の雰囲気づくり**を行い、利用者や家族とサービス事業所の担当者等との関係が良好となるよう配慮することも重要な役割となります。

　利用者の「望む暮らし」の実現に向けて、利用者への理解を深めると同時にチームケアの基盤を築く場にもしていくことが、ケアマネジャーに求められます。

column

働き方改革について

　サービス担当者会議開催の連絡方法はさまざまです。かつては、電話連絡やFAXが主流でしたが、今では情報交換する際の利便性から、メールやLINEといったICTを活用する方法が主流となっています。サービス担当者会議そのものも、テレビ電話やZOOM等のICTを活用したリモート会議の開催が導入されるようになりました。

　しかし、利便性を優先するあまり、情報交換の時間枠が24時間に拡大する傾向もあり、ケアマネジャーとサービス事業所とのやり取りが、所定労働時間の枠を超えて行われる状況が発生しています。適切な時間で業務を遂行するためにも、サービス担当者会議のみならず、日々のケアマネジメント業務に関して、効率よく計画的に実施する姿勢が求められます。

事例で学ぶ

事例　サービス担当者会議当日の調整

Aさんのサービス担当者会議の当日となりました。Aさんは今朝、長女のCさんの車で無事に自宅へ退院となりました。Cさんからの連絡では、Aさんは3か月余りの入院生活の影響と自宅に帰ってきた安堵感で少し疲れた表情をしているとのことです。

Cさんから連絡を受けた後、午後からのスケジュールを再度確認して、早速、Aさんに電話をして、身体の状態の確認と、午後からのサービス担当者会議の件について伝えました。Aさんから、「少し疲れたけれど、やっぱり家はいいですね」と返答がありました。午後2時からのサービス担当者会議に向け、30分ほど前に自宅に訪問させていただくことを説明し、了承を得ました。

サービス担当者会議に使用するケアプラン原案と会議の次第、参加者名簿、タイムテーブルと検討事項をセットし、Aさん宅に向かいました。

まず、Aさんと次の内容を確認しました。①Aさんの体調面を考慮し、60分以内の会議とすること、②会議の際はAさんの隣に座ること、③Aさんの

第1章　インテーク

第2章　アセスメント

第3章　ケアプラン

第4章　サービス担当者会議

第5章　モニタリング

第6章　終結

第7章　実践への活かし方

気持ちを確認しながら会議を進めていくこと、④わかりにくい話や難しい内容の話があれば遠慮なく伝えてほしいこと、⑤会議の終わりに、話し合われた内容にしたがってケアプランを修正するので、Ａさんに最終の確認をお願いすることなどです。

Ａさん、夫のＢさんともに、初めてのサービス担当者会議で緊張している様子のため、ケアプラン原案を確認しながら会議の流れを伝える（Point99）など、できる限り声かけをして緊張をほぐすように試みました。

Point 100　ケアプランが目指すものを参加者が共通理解する

　ケアマネジャーは、作成したケアプラン原案がより精度の高いプランとなるようサービス担当者会議を進めていきます。ケアプラン原案の全体像を、参加者全員が把握できるように明確に伝える必要があります。特に、利用者の望む暮らしをしっかりと伝えることで会議のゴールを見えやすくし、原案に位置づけたサービス提供を担う担当者の役割も理解しやすくなります。

　参加者が、会議を通してケアプランを実施していく際のチームとしての目標を共有し、「どのような課題（ニーズ）をどのような方法で解決していくのか」について、**利用者および家族と担当者が相互理解できるように会議を展開**していくことが望まれます。

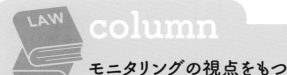

モニタリングの視点をもつ

　ケアマネジャーには、利用者の自立支援に資するケアマネジメントが求められています。そのため、可能な限り利用者が有する能力を活かすことを前提として、居宅サービス計画には、利用者が主体的に行う活動や役割を位置づけることになります。しかし、利用者の対処能力にも留意しておく必要があります。利用者のストレングスを活用すると同時に、リスクについても参加者全員で共有しておかなければなりません。

　改善の可能性と悪化の可能性については、計画の実施と同時に行われるモニタリングの視点として、サービス担当者会議の場で共有することが定められています。

（「指定居宅介護支援等の事業の人員及び運営に関する基準」第13条第9号）

事例　サービス担当者会議当日
　　　（10月30日　PM2：00　Aさん宅） 　　　事例で学ぶ

初めてのサービス担当者会議では、Aさんと参加者とは初対面であり、Aさんにとっては不安が強いことが予測されます。そのため、Aさんの本意が伝えにくいことも想定し、ケアマネジャーが隣に座るなど、座席にも配慮をしておきます。

ケアマネジャー：「皆さん、本日はお忙しいなか、Aさんの第1回サービス担当者会議にお集まりいただきありがとうございます。本会議の開催にあたり、連絡をさせていただきましたAさんを担当するJ居宅介護支援事業所のJです。こちらは、これから皆さんの力を借りながら、目標とする生活を目指されるAさんと夫のBさんです」

第1章　インテーク
第2章　アセスメント
第3章　ケアプラン
第4章　サービス担当者会議
第5章　モニタリング
第6章　終結
第7章　実践への活かし方

Aさん：「はじめまして。Aと申します。本日はよろしくお願いします」

Bさん：「夫のBです。妻はこのとおり病気のため、皆さんの力をお借りしないと生活ができない状況です。私自身も関節リウマチの持病があり、一人では妻の面倒を見ることができるか不安でした。Jケアマネジャーさんとも相談をして、皆さんにお願いすることにしました」

Cさん：「長女のCです。母の入院は私も妹もショックでした。父もあまり体が丈夫なほうではないので、無理をしないかとても心配です。母が退院することができて安心したのですが、これから両親が二人で生活することも不安です。私たち娘も仕事があるため、すぐに会いに来ることができません。これからは、皆さんに助けていただきながら母と父が安心して暮らせるようになってほしいと思っています。本日は、よろしくお願いします」

ケアマネジャー：「まずは、本日集まっていただいた皆さんのご紹介をします。今から所属とお名前をお伝えしますので、自己紹介をお願いします。初めに、主治医のG内科クリニックG先生です。…〈中略〉続いて、Rデイサービスセンターの…〈中略〉」。

ケアマネジャー：「皆さん、ありがとうございました。Aさんの生活をこのチームで支えていくことになりますので、よろしくお願いいたします。では、本日の会議の進行についてお伝えします。まず、当会議の目的はAさんの健康状態の維持・改善、これまで担ってきた家事が少しでもできるようになること、そしてご家族やご友人と趣味や外出などができるようになるための支援を確立することです。事前にお送りしていた居宅サービス計画（ケアプラン）原案にも記載しているとおり、Aさんご夫婦には改善が必要な問題がいくつかあります。それぞれを課題として整理させていただき、

目標を設定しました。その目標を達成するために皆さんの役割と、やっていただきたいことを記載していますので、それぞれの内容に修正や不足がないか意見をいただきたいと思います（Point100）。なお、依頼文でもお知らせしていましたが、退院直後のＡさんの体調を考慮して、本日は15：00 の終了を目指していますので、議事進行にご協力お願いします」

column

ケアプランをブラッシュアップする

　サービス担当者会議に提出するケアプラン原案は、利用者および家族とケアマネジャーの共同作業として作成されます。「解決すべき生活課題」や「目標の設定」、そして「目標達成のための具体的な解決方法」について、利用者および家族の問題状況を改善する最適な内容となっているのかを、担当者に確認しながら会議を進めていく力が求められます。ケアマネジャーの専門性だけでは十分に把握しきれないニーズや解決のための方法が残されている可能性もあります。会議の場を活用し、多職種の力を借りて、原案を質の高いケアプランへとブラッシュアップしていきましょう。

第1章 インテーク

第2章 アセスメント

第3章 ケアプラン

第4章 サービス担当者会議

第5章 モニタリング

第6章 終結

第7章 実践への活かし方

27 モニタリングのポイントと困難ケースへの対応

Point101 モニタリングのポイントを整理し共有する

Point102 困難ケースでは、地域包括支援センターや専門機関に参加してもらう

Point 101 モニタリングのポイントを整理し共有する

サービス担当者会議の機能と役割は、チームアプローチの基盤をつくり、専門的立場から居宅サービス計画原案を検討することによって、より質の高いケアプランに仕上げて実施することにあります。

会議では、実際のサービス提供の担当者に対して、原案に記載した解決すべき課題（ニーズ）や目標（長期・短期）を達成するための具体的なサービス手順や展開の際に留意してほしいポイントについて共有していかなければなりません。利用者の心身の状態や能力、家族の支援力、サービス内容や提供手法など、ケアプランが動き始めてからの変化にいち早くチーム全体が気づけるように、モニタリングのポイントを整理して参加者全員で共有しておくことが大切です。

事例　悪循環を生み出さないための会議　

このケースは、Ｂさんや子どもたちの支援や協力が見込まれ、Ａさん自身も問題状況を自覚し、生活の改善に向けた課題への取り組みも期待できます。Ａさんのケアプラン原案では、脳梗塞の再発を防止する医療的な取り組み、健康に気をつけながら楽しめる食生活への取り組み、けがや転倒に注意しながら移動できるための取り組み、健康と自尊心を保つための排泄への取り組み、保清やリラクゼーションを確保するための入浴への取り組み、役割づくりのための家事への取り組み、地域生活の拡充への取り組みなど、活動性やQOL向上の可能性を盛り込んだ自立支援に資するケアマネジメントを展開しています。

そのため、**Ａさんの健康や食事などの生活面へのアプローチとそのリスクについても十分に把握しておく必要があります。改善の可能性と悪化の可能性を見極めて、Ａさん本人を含め、ケアに携わるすべての関係者がそれを理解しておくことが必要**です。

しかし、Ａさん自身に課題に取り組む自覚がなく、家族や支援者もリスクに配慮ができなかった場合に、Ｂさんも関節リウマチを患っている状態で、Ａさんの脳梗塞が再発する、再発はしなくとも脳血管性認知症の状態が悪化し介護量が増えるなどの状況が起きると、たちまちＢさんの介護負担が増加し、在宅での生活は破綻をきたすことになります。また、仕事をもつ子どもにとっても両親の介護は大きな負担となります。**このような悪循環**に落ち入らないようにしなければなりません。

第1章　インテーク

第2章　アセスメント

第3章　ケアプラン

第4章　サービス担当者会議

第5章　モニタリング

第6章　終結

第7章　実践への活かし方

Point 102 困難ケースでは、地域包括支援センターや専門機関に参加してもらう

　担当する利用者や家族のなかには、介護の問題だけではなく複雑で多様な問題がからみ合っているために支援の方向性が見いだせないケースがあります。

　対応困難ケースとして、社会問題となっている8050問題、ヤングケアラーやひきこもりといった世代をまたいだ家族間の問題に直面することも少なくありません。こうした場合、当事者がサービス担当者会議に参加して、家族間の問題状況を話し合う過程において、利用者と家族の関係性が悪化する、利用者の自尊心を傷つけることでケアマネジャーや他職種との信頼関係にひびが入ることもあり得るため、当事者の参加を見合わせ、専門職、関係機関のみでサービス担当者会議を開催することになります。

　このような複雑で多様な問題を抱えた困難ケースの場合は、地域包括支援センターの主任介護支援専門員等への支援相談やサービス担当者会議の場でそれぞれの**専門機関あるいは専門職の協力**を得ながら、アセスメント、プランニングの再検討をするよう努めます。

　サービス担当者会議は、利用者および家族はもとより、原案に位置づけた担当者が全員参加で開催することが望ましい（チームアプローチの基盤づくりのため）ですが、社会問題化する困難ケースの場合は、関係者や関係機関のみを招集して**問題解決型サービス担当者会議を開催すること**が**課題解決において有効**といえます。

　なお、高齢者虐待防止法に係る事案については、地域包括支援センターならびに行政の担当部署が主体となって専門のコアメンバーによる課題解決に向けた検討が行われます。自身が担当する利用者やその家族に疑わしき状況を発見した場合は、速やかに担当窓口に通報をするよう努めます。その後は、ケアマネジャーとして情報提供を行う、専門チームとの協働を実践するなどの取り組みを行っていきながら、当事者の在宅生活の回復に向けたアプローチを目指します。

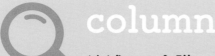

地域ケア会議

　地域包括支援センターが主催する地域ケア会議では、ケアマネジャーが担当するケースで、課題解決が困難な事案のケアマネジメントを支援するための地域ケア個別会議が設置されています。法律や制度・施策、精神医療などの専門家をはじめ、地域の関係機関や協力者などが集まり、個別のケースについて話し合いの場がもたれます。

　包括的継続的ケアマネジメント支援として個別のケースへの支援を通じて、取り扱うケースの共通問題を抽出していくことで、地域課題を明らかにしていく機能が求められています。また、生活支援体制整備事業として、地域の社会資源を活用したネットワークづくりを担当する生活支援コーディネーターとの協働も地域包括支援センターの重要な取り組みの一つとなっています。こうした働きを通じて、ケアマネジャーが実施するケアマネジメントへの支援を行いながら地域の生活環境を改善していくことで、よりケアマネジャーの個別支援が可能となり、住み慣れた街で暮らし続けることができる地域へと好循環が生まれていきます。これが、地域包括ケアシステムの構築です。

第1章　インテーク

第2章　アセスメント

第3章　ケアプラン

第4章　サービス担当者会議

第5章　モニタリング

第6章　終結

第7章　実践への活かし方

28 サービス担当者会議終了後の対応

Point103 合意したケアプランは速やかに担当者に交付する

Point 103 　合意したケアプランは速やかに担当者に交付する

　サービス担当者会議において修正した原案は、参加した担当者と利用者に内容を確認してもらい、合意が得られた場合には**利用者に同意を得て速やかに全員に交付**します。

　その際、サービス担当者会議での検討事項やケアプラン実施に向けて、再度、**ケアプランの目標、担当者の役割とモニタリングの視点**などを伝え、**チームアプローチの重要性**について改めて働きかけておきます。

column

ケアプランと個別援助計画

　ケアプランが確定し、各担当者に交付をした後、ケアマネジャーは各サービス事業所が作成する個別援助計画の提出を依頼します。作成された個別援助計画が、サービス担当者会議で相互に確認した居宅サービス計画の目標、自らの役割や具体的な課題解決の方法、サービス展開の手順とその効果の予測（危機予測も含む）などを反映させているかを確認することが義務づけられています。

（「指定居宅介護支援等の事業の人員及び運営に関する基準」第13条第11号）

　居宅サービス計画と個別サービス計画との連動性を高め、居宅介護支援事

業者とサービス提供事業者の意識の共有を図ることが重要な観点から、居宅サービス計画を交付した際には担当者に対し個別サービス計画の提出を求め、居宅サービス計画と個別サービス計画の連動性や整合性について確認しなければなりません。また、交付の際に限らず、必要に応じて確認することが望ましいとされています。

（「指定居宅介護支援等の事業の人員及び運営に関する基準」第13条第12号）

事例で学ぶ

事例　ケアプラン原案の確定

ケアマネジャー：

「本日、皆さんに確認いただいたＡさんのケアプラン原案について、それぞれの立場からご意見をいただきありがとうございました。いただいたご意見については、会議のなかでＡさんおよびＢさんにも確認をさせていただきました。訪問看護ステーションからの意見の内容に変更することでお二人も今後の生活への不安が和らぐとのことでしたので、原案第2表の1つ目の生活全般の解決すべき課題「病気が再発しないようにしたい」のサービス内容に「服薬状況についても確認します」を加えたプランに修正させていただきます（※ pp.114～123に記載しているケアプランでは修正済み）。排泄については、日中はトイレを使用し、夜間は安全を考慮してポータブルトイレを使用しますが、Ｂさんがご不在の場合は見守りがないので転倒のリスクを避けるため、日中にポータブルトイレを使用していただくこととしました。Ａさん、Ｂさん、この内容で問題ないでしょうか」

Ａさん、Ｂさん：「はい。その内容でお願いします」

ケアマネジャー：「最後に、Ｃさんから確認したいことはありますか」

Ｃさん：

「父も関節リウマチを患っていますので、母の介護を一人で行うことは大変だと思います。父の疲れが出ないよう皆

第1章 インテーク

第2章 アセスメント

第3章 ケアプラン

第4章 サービス担当者会議

第5章 モニタリング

第6章 終結

第7章 実践への活かし方

さんに助けていただきながら、母も自分でできることが増えていけばと思います。私も仕事の都合をつけながら、両親の様子を見に来たいと思います」

ケアマネジャー：「では、参加いただいた担当者の皆さんにも修正した原案の内容を再度確認いただき、問題がないようでしたらこの原案を確定させていただきます」

参加者一同：　「問題ありません」

ケアマネジャー：「では、**原案はこの内容で確定**させていただきます。Ａさんの同意をいただいた後、速やかに皆さんに交付させていただきます（Point103）。また、会議を通じて話し合った内容も含め、交付させていただいたケアプランに沿って個別支援計画の作成をお願いします。作成後は、Ａさんに説明して同意を得た後、**Ａさんと私に交付**をお願いします。

それでは、次回のサービス担当者会議は、大きな問題がなければ、短期目標の期間とした6か月後の○年○月に開催します。日程の詳細は開催月が近づきましたら改めて調整の連絡をさせていただきます。

Ａさん、Ｂさん、Ｃさん、皆さん、本日はお疲れ様でした。会議で使用しました資料については、すべて回収させていただきますので、ご協力お願いします。皆さん、ありがとうございました」（Point104）

29 サービス担当者会議と個人情報の取り扱い

Point104　個人情報を適切に取り扱う

Point 104　個人情報を適切に取り扱う

　ケアマネジャーは、介護保険サービスの利用者とその家族から、病気に至った経緯や治療後の状況、サービス利用に係る経済的な内容など、多くの個人情報を入手し、ケアプラン原案を作成します。ケアプラン原案には、利用者のプライベートな関係者による支援も設定されることになります。サービス担当者会議における個人情報の提供は、利用者および家族とケアマネジャーとの間で交わされた個人情報使用同意書をもとに、ケアプランにかかわるすべての支援者に伝えていくことになります。ただし、**共有する個人情報は、使用する目的や範囲を最小限とすること**が求められています。特に、ケアマネジメント上の重要な情報にもかかわらず、**個人の不利益になりかねない情報と判断される場合は、事前にその必要性の趣旨を家族等の当事者に伝え、理解を得たうえで使用するといった丁寧な手続きが必要です。**仮に、サービス担当者会議で共有された個人情報が漏えいする、地域で無断に使用されるといった場合は、利用者や家族の尊厳を傷つけるとともに、チームアプローチへの弊害となることも伝えて会議を終えるようにします。

　特に、秘密保持等の法的な拘束力が設定されていないパーソナルな支援者やインフォーマルな関係機関に属する協力者との情報共有を図る場合は、個人情報の取り扱いについて説明を行い、十分な配慮（例えば、情報の漏えいがないよう誓約書を取りつけておくなど）をする必要もあります。

　最後に、サービス担当者会議で使用した資料については、ケアマネジャーが責任をもって**参加者から回収**することも忘れないようにしましょう。

第1章 インテーク

第2章 アセスメント

第3章 ケアプラン

第4章 サービス担当者会議

第5章 モニタリング

第6章 終結

第7章 実践への活かし方

column

個人情報保護

　指定居宅介護支援事業所の介護支援専門員やその他の従業者は、正当な理由がなく、その業務上知り得た利用者又はその家族の秘密を漏らしてはならないとして、利用者又はその家族の秘密の保持を義務づけています。また、運営基準第23条第3項では、サービス担当者会議等において、利用者の個人情報を用いる場合は、利用者の同意を、利用者の家族の個人情報を用いる場合は当該家族の同意を、あらかじめ文書により得ておかなければならないと規定されています。

　（「指定居宅介護支援等の事業の人員及び運営に関する基準」第23条第1項、第3項）

事例　パーソナルな関係を大切にする　　　　事例で学ぶ

　Aさんは、子どもの頃から友人が多かったこともあり、生け花や外出の際に連れ出してくれる幼馴染や、入院の際もお見舞いに来てくれた近隣の友人もいます。退院後の生活においても幼馴染（Kさん、Lさん、Mさん）や近隣の友人（Nさん、Oさん）は、Aさんやご家族にとって欠かせない理解者であり協力者（支援者）といえます。

　Aさんが退院をして介護保険サービスを利用しながら地域生活を送るにあたり、Aさんを取り巻くパーソナルな人たちからの支援を適切に受けることは、Aさんが24時間の生活を維持するうえで重要な意味をもちます。

　ただし、Aさんが病気になる以前の生活においては、幼馴染や近隣の友人とはお互いのプライベートな部分に配慮をしたうえで対等な関係を結んでいたと思われます。

　Aさんの今後の生活を支えていくためには、医師や介護保険サービスの提供者のみならず、秘密保持等の法的な拘束力が設定されていない幼馴染や近隣の友人との間にも、Aさんの病気の状況などの個人情報を共有する必要性が生まれます。このたびのケアプラン原案では、Aさんの地域生活への参加を

目指して、いろいろな人との交流を楽しむことを目標にし、仲のよい幼馴染の協力を求めました。

パーソナルな関係者の支援

第1章 インテーク

第2章 アセスメント

第3章 ケアプラン

第4章 サービス担当者会議

第5章 モニタリング

第6章 終結

第7章 実践への活かし方

サービス担当者会議の要点

利用者名　　　　　A　　　　　殿

開催日 ○ 年 10 月 30 日　　　開催場所　　Aさん宅

会議出席者	所属（職種）	氏名
	本人	A
	夫	B
	長女	C
	G内科クリニック（主治医）	G
	P訪問看護ステーション	P（Ns）・U（OT）

検討した項目	居宅サービス計画書原案に記載した内容として、次の4点を検討しいて、③自宅内の安全な移動方法について、④地域生活の充実につい
検討内容	①G医師：「脳梗塞に至った要因は、脂質異常症、高血圧症の影響が大 標 値 は 130mmHg/80mmHg。LDL コレステロール値は現在 品は控えるようにすること。なお、水分補給は注意してください」 P訪問看護ステーション：退院後の体調管理について、バイタルサ 絡・相談ができる体制をつくる。訪問時には、服薬状況について確 ②Qヘルパー事業所：栄養のバランスを考えてBさんと一緒に食材の 組むことを確認した。調理や盛りつけなどに工夫が必要と考えられ ③P訪問看護ステーション（OT）、S福祉サービス：玄関周辺や廊下、 なので、歩行訓練が必要。特に、玄関の上がり框や廊下、トイレへ る。今後のAさんの生活場面での使用状況をOT始めBさんにも確 ポータブルトイレを購入していただいた。排泄後の処理を速やかに ましい。買い物外出時の車いすについては、S福祉サービスが定期 ④Rデイサービス：OTの評価もあり、Aさんの機能状態では自宅の 浴前に血圧測定し170mmHg以上の場合は、シャワー浴に変更する くことも確認した。入浴後は脱水予防にも注意し、水分補給を行う ことやレクリエーションなどの活動の場ができることで、ひきこも ⑤ご家族や幼馴染：趣味の花や野菜の栽培をプランターで行えるよう 組んでいくことを検討した。近隣の幼馴染や近隣の友人との交流も
結論	①Bさん、Cさんの付き添いによるG内科への定期受診を実施（1回 が日々管理を行う。体調変化時はP訪問看護ステーションへ連絡す ②日々の食事はBさんや家族を中心とし、塩分、脂肪分を控えた、栄 る（2回/週）ことで確保していく。 ③自宅内の移動は原案通りに手すりの設置を行い、機能訓練について のリスクを回避するためにポータブルトイレを使用。自宅での入浴 て持参し、自分で更衣できるように支援をする。 ④OTのもとで自宅外の移動も視野に入れた移動訓練を実施。趣味の の幼馴染や近隣の友人の見守り協力が得られるよう交流の再開を実
残された課題 （次回の開催時期）	・短期目標期間の6か月後に血圧・LDLコレステロール値の確認（値 ・Bさんが外出している際の日中のトイレ使用については見守りが確 ・今回、設置した手すりの位置取りや移動・移乗の際の使用状況に不 ・日々の食材等の購入はBさんと車いすで出かけることになるが、B ・自宅の浴槽を使用しての入浴は、今しばらくデイサービスでの入浴

作成年月日　令和 ○ 年 10 月 30 日

居宅サービス計画作成者（担当者）氏名　　　　J

開催時間　　14：00〜15：00　　　　　　開催回数　　1 回

所属（職種）	氏名
Qヘルパー事業所	Q
Rデイサービス	R
S福祉サービス	S
J居宅介護支援事業所	J

た。①退院後の再発予防、健康管理（受診・血圧の安定・服薬管理）について、②再発予防のための食事につ
て。

きいと考えられるため、再発予防には、定期受診による病状管理と服薬管理、食事療法が必須となる。血圧の目
170mg/dl。これ以上高くならないようにすること。食事面ではなるべく塩分 6 g 未満とし、脂肪分の多い食

イン、特に血圧値、また麻痺等の変化やしびれ、めまい、皮膚の状態を把握し、体調変化があれば G 先生に連
認が必要。本人の体調変化があるときは P 訪問看護ステーションへ連絡が必要。
購入をしていただき、塩分や脂肪分の多い食材を避けて好きな食事が調理できるように、A さんと一緒に取り
るため、訪問看護ステーションの OT に調理方法や器具・食器の選定を依頼する。
トイレへの移動・移乗や寝室から洗面台やキッチンへの移動は少し麻痺が残り足の力が弱いため不安定な状態
の移乗にはつかまる環境が必要なため、事前の家屋調査を済ませてすでに手すりの設置を 26 日に施行してい
認をお願いする。日中は B さんの見守りのもとでトイレを利用していただくが、夜間は転倒のリスクを考慮し
お願いする。日中に B さんが不在の際のトイレ利用が一人となるので、その際はポータブルトイレの利用が望
的にメンテナンスする。
室を利用しての入浴は難しいとの判断のため、デイサービスで入浴を行う。その際に、G 先生からの指示で入
ことを確認する。また、自分で服を選んで着替えていただくこと、入浴時はできる限りご自身で洗身していただ
ことが確認された。また、デイサービスを利用することで、A さんに新たな交流の場が生まれ、友人ができる
りへの防止にも期待できることが確認された。
B さんに協力を得ながら少しずつ開始する。OT とも、外出が可能となるよう自宅外での歩行訓練を徐々に取り
復活させて、発症前の生活に少しずつ近づけていけるよう協力を依頼する。

程度 / 月）。P 訪問看護ステーションによる健康状態、服薬確認の実施（1 回 / 週）。服薬は、A さん、B さん
る。
養バランスの取れた食事をホームヘルパーと一緒に調理を行う（2 回 / 週）ことや、デイサービスで食事をと

は訪問 OT やデイサービスで実施（2 回 / 週）。日中は自宅及びデイサービスではトイレを利用し、夜間は転倒
については、現状の身体機能面で無理があるためデイサービスでの入浴（2 回 / 週）とし、服を自身で用意し

花や野菜の栽培は B さんの協力を得て徐々に再開する。B さんが外出した際に発症前に付き合いのあった近隣
現していく。

が安定しない可能性があるため、定期受診時の結果を記録し、チームで共有が必要）を行う。
保できないため、ポータブルトイレの使用を選択。使用する際の転倒防止を徹底する。
具合が生じる可能性があるため、A さんや B さんの意見を聞いて速やかに改修を行う必要がある。
さんの関節リウマチが悪化した場合の対応について、今後の要検討事項とする。
で代行していく。

第1章 インテーク
第2章 アセスメント
第3章 ケアプラン
第4章 サービス担当者会議
第5章 モニタリング
第6章 終結
第7章 実践への活かし方

第 5 章

モニタリング

ケアプランをベースに支援が適切に実施されて
いるか、ニーズの漏れや新たなニーズが
出てきていないか、反対に過剰なサービス提供
はないか、利用者と家族が、生活が改善して
いると感じているか（満足度）といった
指標で定期的に評価する方法を学びます。

30 モニタリングの目的

Point 105 モニタリングの目的を利用者に説明する

　モニタリングは、ケアプランをベースとした支援が適切に実施されているか、ニーズの漏れや新たなニーズが出てきていないか、反対に過剰なサービス提供はないか、利用者と家族が、生活が改善していると感じているか（満足度）といった指標で定期的に評価する過程のことです。

Point 105　モニタリングの目的を利用者に説明する

　ケアマネジャーに限らず、自宅を訪問する前にあらかじめアポイントを取ることは、常識です。大切なのは、**日時や場所だけでなく、訪問する目的を伝える**ことです。モニタリングの目的は、**「ケアプランに基づいて実施されるセルフケアやインフォーマルサポートを含むさまざまな支援が、利用者や家族の望む暮らしの実現に対してどの程度役立っているかを評価すること」**です。これを利用者や家族が置かれている個別的な状況を踏まえてアセスメントがなされ、ニーズ、目標、支援（サービス内容）が共有されていれば、モニタリングの質は高まります。「身体の様子を教えてほしいので」「介護サービスをうまく使えているか聞かせてほしいので」ということだけでは不十分なのです。

モニタリングの頻度

　居宅介護支援におけるモニタリングについては、特段の事情がない限り、少なくとも 1 か月に 1 回は利用者居宅を訪問し、利用者に面接を行い、かつ少なくとも 1 か月に 1 回、モニタリングの結果を記録することとなっています。この「特段の事情」とは、指定居宅介護支援等の事業の人員及び運営に関する基準により、「利用者の事情により、利用者の居宅訪問及び利用者との面談ができない場合」を主として指すものであり、介護支援専門員に起因する事情は含まれないものとされます。

　介護予防支援については、特段の事情がない限り、少なくとも 3 か月に 1 回は利用者居宅を訪問し、利用者に面接を行うこととなっています。また、利用者の居宅を訪問しない月においては、可能な限り、指定介護予防通所リハビリテーション事業所を訪問するなどの方法により利用者に面接するよう努めるとともに、面接ができない場合は、電話等により利用者との連絡を実施することとなっています。なお、これらのモニタリング結果は少なくとも 1 か月に 1 回記録するよう定められています。

（「指定居宅介護支援等の事業の人員及び運営に関する基準」第 13 条第 14 号）

第**1**章 インテーク

第**2**章 アセスメント

第**3**章 ケアプラン

第**4**章 サービス担当者会議

第**5**章 モニタリング

第**6**章 終結

第**7**章 実践への活かし方

31 モニタリングの視点

Point 106 利用者の暮らしぶり全体を見る

　モニタリングにおいて、ケアマネジャーがまず大切にしたいのは、**利用者および家族の生活全体を見るという視点**です。ケアプランが実施されることによって、利用者や家族の生活はさまざまに変化します。例えば、健康（疾患）面、これまでかかわってきた人との関係や役割、専門職を含めた新たな人との出会いやかかわり、生活リズム、金銭負担など、その変化は多岐に渡ります。この生活の変化が、利用者や家族にどのように影響しているのか、どのような意味があるのかなどについて利用者や家族が理解できるよう、ケアマネジャーは面接を進めていきます。

Point 107 変化した生活状況を見る

　生活状況の変化は、「**ポジティブな変化**」と「**ネガティブな変化**」に大別できます。具体的に健康面や心身機能、日常生活がどのように改善したか、また悪化したかを客観的に評価するとともに、利用者の生活に起きた変化が、利用者や家族にとって

どのような影響があるのかも考えます。

　問題解決に一歩近づき、利用者のなかで影をひそめていた自己肯定感（頑張れば、このままの生活が続けられる、家族の一員として生きていけるなど）が見えるようになってきたのであれば、生活の質の向上や自己実現に対する意欲がさらに高まることが想定されます。そして、利用者は「もっと〇〇してみたい」「自分をもっと〇〇したい」という思いを抱き、これからの暮らしに対する思いはより高まるでしょう。

　一方、さらに病気が悪化したり、障害がありながらの新たな生活状況の変化にうまく適応できず、傷つき、落ち込み、塞ぎ込んでしまうということもあります。よかれと思って利用してみたサービスが、結果として本人の自立心を削ぎ落とし、他者への依存心を高めるといった事態も想定されます。

Point 108　目標の達成度を確認する

　モニタリング時の着眼ポイントの二つ目は、利用者の「目標達成度」です。 これは、ケアプランに記載されている「長期目標」と「短期目標」にどの程度近づいているのかを確認することです。もちろん、達成・未達成を単純に評価することではありません。

　「目標」は、最終ゴールである利用者や家族が思い描く「望む暮らし」と「現状」との間に段階的に設定された「道しるべ」です。モニタリングでは、利用者と家族が現在、望む暮らし（ゴール）に向かって順調に歩みを進めているのかを点検します。併せて、その「道しるべ」が利用者や家族にとって適切なものであるかも確認する必要があります。

Point 109　社会資源活用の効果を確認する

　利用者や家族は、自らの有する力や人的・物的資源では解決が難しい事態に遭遇したため、介護保険におけるケアマネジメントという手法の支援を受ける選択をします。そこでケアマネジャーと出会い、失いつつある力を取り戻し、新たに介護サービスなどの社会資源を活用し、生活課題を解決しながら「望む暮らしの実現」に向かって歩みます。そのため、モニタリングでは、**生活課題の解決のために利用したさまざまな社会資源の効果を確かめることが大切**です。当然ながら、社会資源は介護サービスに限らず、利用者や家族が活用する自分自身の力やインフォーマルサポートも含め

第1章 インテーク

第2章 アセスメント

第3章 ケアプラン

第4章 サービス担当者会議

第5章 モニタリング

第6章 終結

第7章 実践への活かし方

て社会資源と捉えます。つまり、モニタリングとは「セルフケアや利用者や家族を取り巻く、ソーシャル・サポート・ネットワークがどの程度機能しているのかを点検すること」ともいえます。

ケアマネジメントにおいて最も重要なことは、利用者自身が問題解決の主体であるということ、つまり**「利用者自身が社会資源」という視点**です。ケアマネジャーは、ついつい利用者を「自分の力では暮らせない人」「介護や支援を必要とする弱い人」と決めつけがちです。**利用者が生活主体者、問題解決の主体者としてどのように暮らしているのかを確認することが、モニタリングでの重要な視点**なのです。

事例　基本動作と住環境のモニタリンング　事例で学ぶ

サービス担当者会議後、ケアマネジャーはAさんに、自宅内に設置されたばかりの手すり、購入したポータブルトイレを実際に利用してもらいながら、使い勝手を確認しました（Point109）。

脳梗塞の後遺症により心身機能やADL・IADL（している活動・支援を要する活動）が大きく変化して自宅へ戻ったAさん。病院の中とは異なる自宅という環境で、入院中のリハビリテーションによって身につけた動作がどの程度発揮できるのか確認したいところです。また、新たに利用することになった手すりやポータブルトイレが、Aさんに合っているのかを確認することも重要です。

Point 110　チームアプローチを活かしたモニタリングを実施する

ケアマネジメントの最大の特徴の一つは、チームアプローチです。これは、アセスメントやサービス提供に限らず、モニタリングにおいても同様です。つまり、**モニタリングの担い手は、ケアマネジャーだけでなく、利用者自身、家族等のインフォーマルサポーター、サービス提供事業所のスタッフなど、利用者や家族にかかわるすべての人**と捉えてよいでしょう。当然ながら、利用者や家族も重要なモニタリングの担い手です。ここを誤ると、利用者や家族の主体性を低下させることになります。

ケアマネジャーは、ほかのチームメンバーとの仲介的な役割を担うことも少なくありません。つまり、利用者自身にかかわるチームメンバーから得た情報を、また別のチームメンバーに伝えるということです。しかし、すべての情報をケアマネジャーが

仲介しなければならないわけではありません。より効率的に、よりスピーディーに情報共有できる体制を構築していくこともケアマネジャーの役割といえます。

その意味では、「何かあったらご連絡ください」「どんなことでもご連絡ください」といった抽象的な投げかけでなく、**「〇〇が起こった場合は、△△事業所の××さんにご連絡をお願いします」** といったように、**「どのような内容をチーム員の誰に伝えてもらうよう依頼する」** といった具体性が重要です。

Point 111 利用者個別の状況を踏まえてモニタリングの機会を設ける

モニタリングの主たる目的は、利用者や家族とともに作成されたケアプランがどのように効果を発揮しているかを確かめることです。そのために、「意向」や「望む暮らし」にどの程度近づいたと感じているか、個別の目標の達成状況、サービス利用状況、ニーズ充足状況、サービスの満足度（主観的 QOL）などを確認します。

ケアマネジャーが基準上定められているモニタリングは原則月 1 回ですが、生活状況が大きく変化する利用者の場合、**ケアプランの初動期などは、リスクマネジメントの観点からも必要に応じてモニタリングの機会を増やす**ことが大切です。

事例で学ぶ

事例　Aさん宅への電話

11 月 6 日午後 3 時過ぎ、ケアマネジャーはAさん宅へ電話しました。電話にはBさんが出て、「あぁ、お世話になっています」と明るく話しました。ケアマネジャーは、「Aさんが介護保険サービスを利用してちょうど 1 週間なので、今のご様子をお聞かせいただこうと思って電話しました」と電話の趣旨を伝えたところ、「いろいろと心配していましたが、何とかやっています」とBさんが応えました。Bさんは、人の出入りが多いので思った以上に気を遣うけれど、皆さんがいろいろと心配してくれているのがありがたいと話しました（Point110）。

電話を替わってもらい、ケアマネジャーはAさんに「RデイサービスのRさんからご連絡をいただきました。ちょっとお疲れのようですが、体調はいかがですか？」と尋ねると、少し苦笑いしながら「体調は大丈夫ですよ。ちょっと疲れているけれど、主人もよくしてくれています。皆さん、とても親切です」と語りました。今日が初めての作業療法士の訪問であったことに

第1章 インテーク

第2章 アセスメント

第3章 ケアプラン

第4章 サービス担当者会議

第5章 モニタリング

第6章 終結

第7章 実践への活かし方

触れると、「そうそう。先ほどまで歩行訓練をしていたの。すごく気さくな方で、よい方に来てもらってよかった」と話しました。ポータブルトイレへの移乗も問題なくできているとのことでした。

ケアマネジャーは、約2週間後の11月22日午後3時頃に自宅を訪問し、生活状況の詳細を聞かせてもらうことの承諾を得ました。併せて、「Aさんの生きづらさや暮らしにくさをどうすれば解決できるのか、Aさんと一緒に考えるのが私の役割です。困ったことや心配なことがあれば、遠慮せず私に連絡をくださいね。電話をするのが大変ならば、ご自宅を訪問される作業療法士さんやホームヘルパーさん、Rデイサービスの職員さんに伝えてもらえば結構です」と伝えました（Point111）。

Point 112　自宅以外でのモニタリングの機会をつくる

通所施設などの利用者の外出先でのモニタリングには、さまざまなメリットがあります。例えば、細かな心身状況のみならず、家族以外の他者とのコミュニケーションの状況、リハビリテーションやレクリエーションなどのプログラムへの適応状況の確認などがあげられます。そして、最もケアマネジャーが外出先で利用者に会う機会を設ける理由の一つは、「家族を前にして利用者が語りにくいことを、利用者本人に心置きなく語ってもらいたいとき」ではないでしょうか。

事例　デイサービスからの報告　　　　　　　　事例で学ぶ

AさんがRデイサービスを初めて利用した翌日の11月1日、Rさんからケアマネジャーに電話がありました。Rさんによると、Aさんは大きな問題なくデイサービスのプログラムを終えて帰宅されましたが、Aさんが少し疲れた表情だったようです。

デイサービスでの入浴後に、「Aさん、少しお疲れですか？」とRさんが尋ねると、「退院してすぐですし、荷物の整理などをしていたから、ちょっと疲れが残っています」と苦笑いしながら話されたそうです。ケアマネジャーは、「引き続き、本人の心身の状態、特に疲労や体力について観察したうえ

で、デイサービスで予定されていたプログラムに参加することが困難な様子があれば連絡してほしい」とRさんに伝えました。また、G内科クリニックG医師、P訪問看護ステーションとQヘルパー事業所にこの内容を報告して、情報を共有しました（Point112）。

Point 113　新たなニーズが生じていないか分析する

　モニタリングは、利用者の変化する生活状況を常に把握しながら、利用者および家族の望む暮らしの実現に向けて、終結まで継続的に行われます。そのプロセスで、利用者および家族にはさまざまな生活状況の変化が生じ、生活状況の変化は新たなニーズを生みます。言い換えると、**モニタリングは常に新たなニーズの有無を確認するために行っている**といえます。ニーズは、常に利用者や家族から表明されるものばかりではなく、表明されないものも含まれています。このようなニーズも含めて、キャッチしていく姿勢を一貫して保つことが重要です。ケアマネジメントプロセスにおいて、モニタリングが再アセスメントと一体的に実施されているといわれる理由はここにあります。

Point 114　アドボカシーに基づいたモニタリングを実施する

　モニタリングは、ケアマネジメントが終結するまでの間、途切れることなく継続されます。このすべてにおいて、ケアマネジャーが決して忘れてはならないのは、**「利用者利益の優先」** や **「権利擁護（アドボカシー）」** といった**専門的価値と倫理**です。ルーティンで行われるモニタリングにおいても、常に**利用者や家族の"意思決定支援の担い手"として権利擁護に基づいた内容**を心がけたいところです。

　対等であるべき利用者とケアやサービスの提供者の関係ですが、「情報の非対称性」に代表されるように、その関係性は常にケアやサービスの提供者が優位にいるといっても過言ではありません。利用者や家族は、「本当は言いたいけれど、それを口にすることで自分が不利益を被るので言えない」という思いを抱えている場合が少なくないと考えます。例えば、ケアやサービスの質に関する具体的要望です。ケアマネジャーとしては、そんな**利用者や家族の"心のうち"を、利用者から発せられる言葉**

第1章 インテーク
第2章 アセスメント
第3章 ケアプラン
第4章 サービス担当者会議
第5章 モニタリング
第6章 終結
第7章 実践への活かし方

や表情、暮らしぶりから察知し、汲み取り、代弁者としての役割を果たしていくことが期待されます。つまり、**生命保護に加えて"声なき声"にどのように応えていくのか（主体性の尊重）が、モニタリングにおいてケアマネジャーが担っている最大の使命であり責任**なのです。

Point 115　適切なモニタリング記録をつける

　記録は、利用者や家族、チームのメンバーとの個別のやり取り、つまり"目に見えないやり取り"を形にできる唯一の手段です。前述のように、結果をメンバー間で共有するためにも重要な作業です。ここで強調したいのは、記録の適切さです。

　記録の適切さとは、"文章の流麗さ"や"主張の説得力"を求めるものではありません。対人援助実践における記録に求められるのは、簡潔さと明瞭さ（具体性・客観性）です。したがって、読む人によって解釈が異なるような表現は控えます。また、ケアマネジャーによる主観的な内容、例えば「印象」や「感想」、「類推」ばかりが記載されることも避けるべきです。

　総じて、ケアマネジャーが**モニタリングを記録する際に気をつけたいのは、「主観的情報と客観的情報の区別」**と**「考察」**です。モニタリングの記録用書式として、「居宅サービス計画書」や「サービス担当者会議の要点」のように、厚生労働省から示されている標準様式はありません。ここでは、参考にオリジナルに開発した書式を例示します（pp.168〜169）。

事例　自宅での面接によるモニタリングに向けて　　事例で学ぶ

11月22日午後2時45分、ケアマネジャーはサービス終了後にAさん宅を退出した作業療法士Uさんと会いました。互いに予定があるため、Uさんと直接会って話すにはAさん宅の近くで待ち合わせるのが最良でした。2人は周囲に誰もいないことを確かめて、短時間で情報交換をしました。

Uさんによると、Aさんはリハビリに対しては熱心に取り組んでいて、歩行状態は退院直後よりずいぶん安定してきているようです。これまで自宅内での歩行訓練やポータブルトイレへの移乗などに取り組んできましたが、来週からは自宅外での歩行練習をすることになったとのことです。

一方で、Uさんは薬の飲み忘れや水分摂取量が少ないことが気になるという

ことでした。ケアマネジャーからは、Ｒデイサービスでもお茶を飲む量が少ないことがあり、スタッフがよくお茶を飲むように声をかけているという情報を伝えました。今後、水分摂取状況と服薬状況については、特に注意していこうと相互に確認しました。

Ｕさんとの話をもとに、ケアマネジャーはＡさんとの面接では薬の飲み忘れ、水分や食事の摂取状況、体調の変化などから話を聴こうと考えました。

第1章 インテーク

第2章 アセスメント

第3章 ケアプラン

第4章 サービス担当者会議

第5章 モニタリング

第6章 終結

第7章 実践への活かし方

モニタリングシート

モニタリング実施日：令和○年11月22日　15：00〜16：00

NO	サービス内容（居宅サービス計画書から転記）	実施状況（実施：○ 部分実施：△ 未実施：×）	実施状況詳細（部分実施、未実施の場合に記載）	ケアマネジャーの所見（部分実施、未実施の原因）
1	BさんもしくはCさんが受診の対応をしてくれます。病状に変化があったときや心配なことなどがあればご相談ください。	○		
2	定期的な診察をします。	○		
3	Aさんに直接問診したり、体温、血圧、脈、麻痺の程度、しびれなどを確認して、体の状態把握に努めます。	○		
4	気になることがあれば、G先生、ケアマネジャーに連絡・相談します。作業療法士とも連携します。	○		
5	服薬状況についても確認します。	△	Bさん：「声かけするのを忘れると飲んでいないことがあります」	
6	お薬はご主人が管理してくれますが、自分でも確認をお願いします。	○		
7	塩分、脂肪分の摂り過ぎに注意します。	△	Bさん：「塩分は控えているつもりだが、どれくらいが適当なのかわかりません」	夫Bさんが調理に慣れていない。
8	バランスのよい食事を心がけます。	×	Aさん：「どうしてもパンとかおにぎりとか手軽に食べられるものばかり食べてしまいます」	炭水化物は摂取できているが、たんぱく質が不足。2食／日になっているときがある。
9	お茶をしっかりと飲んでいただきます。	△	Aさん：「デイサービスで出される量を考えると、家でのお茶の量は少ない気がします」	
10	お茶碗などの小さな食器は左手に持って食べていただきます。	○		
11	左側にある食事を意識するようにしましょう。周囲の人が声かけしてくれます。	×	Bさん：「ときどき左側のものを食べ残しているので、声をかけています」	Aさん、BさんともにAさんの左半側空間無視の状態を忘れている。
12	洗面台の前でいすに座って、食後、就寝前に歯磨きを行いましょう。	△	Aさん：「実は面倒なので、うがいだけで済ませているときがあります」	洗面所でのいすへの移動を面倒に感じている様子。
13	デイサービスでも、食後には歯磨きをしましょう。	○		
14	家の中で足の力をつける訓練と、玄関、居間、寝室からトイレ、キッチン、洗面台等までの移動の訓練を行います。			
15	様子を見て、家の外にも出てみましょう。			
16	寝起きしやすいよう、電動ベッドを利用します。			
17	作業療法士と連携して、機能訓練を行います。移動は見守り、一本杖で歩いてもらうよう促します。			

実施場所：自宅　　同席者：Ａさん、Ｂさん

短期目標（居宅サービス計画書から転記）	期間（居宅サービス計画書から転記）	目標達成状況（達成：○ 未達成：×）	継続の必要性（ありの場合に○を記載）	今後の対応（①サービス担当者等との連携・調整 ②ケアプランの変更）
定期受診する	令和○年9月1日～令和△年2月28日	○	○	
日々の健康管理をする	令和○年9月1日～令和△年2月28日	○	○	
体調変化時に連絡する	令和○年9月1日～令和△年2月28日	○	○	
確実に服薬する	令和○年9月1日～令和△年2月28日	×	○	①確実に服薬する方法をG医師、訪問看護師に相談する
塩分や脂肪分を控え、栄養バランスに気をつける	令和○年9月1日～令和△年2月28日	×	○	①ホームヘルパーに1週間の食事内容の聞き取りを依頼
				①デイサービス、ホームヘルパー、訪問看護師に水分摂取の声かけと水分摂取量の聞き取りを依頼
左側にある食事を意識する	令和○年9月1日～令和△年2月28日	○	○	①デイサービスでの食事状況の写真を撮影してＡさんに渡してもらう
食後、就寝前には歯磨きをする	令和○年9月1日～令和△年2月28日	○	○	
一人で起き上がり、立ち上がりができて、家の中を伝い歩きができる	令和○年9月1日～令和△年2月28日			

※以下、省略

第1章 インテーク

第2章 アセスメント

第3章 ケアプラン

第4章 サービス担当者会議

第5章 モニタリング

第6章 終結

第7章 実践への活かし方

第6章

終結

利用者がほかの支援機関に変わったとき、
逝去されたとき、自立してサービスが不要に
なったとき、住所地が変わったときなどに、
ケアマネジメントが終結します。
終結時の注意点も含めて学びます。

32 終結

　ケアマネジメントは、利用者と事業者との契約に基づいて提供されるサービスです。そのため、特定の要件を満たす場合は、サービスの終了となります。ケアマネジャーが所属する事業所によって若干の違いはあるかもしれませんが、原則として、利用者が死亡したり、事業所が定めるサービス提供地域外に転居した場合や介護保険施設に入所した場合などによって、ケアマネジメントは終結します。もちろん、忘れてはならないのは、利用者が自立した場合もサービスは終結するということです。

Point 116　終結が想定される場合、あらかじめ利用者に告知する

　ケアマネジメントサービス開始時に、契約書や重要事項説明書に沿って利用者や家族に説明しますが、実際に終結が想定される場面が訪れた際には、「もし、○○ということになれば、私どもで現在提供しているサービスは終結となります」と、利用者や家族に告知することは大切です。

　ただし、サービス終結の告知は、利用者や家族を焦らせたり不安にさせる可能性もあります。告知のタイミングや方法は、利用者のおかれている状況によって個別に判断しましょう。

第1章 インテーク

第2章 アセスメント

第3章 ケアプラン

第4章 サービス担当者会議

第5章 モニタリング

第6章 終結

第7章 実践への活かし方

Point 117　利用者に終結後の進路を示す

　利用者に終結を告知すると同時に、終結後の進路を説明することは、対人援助職であるケアマネジャーの当然のエチケットです。特に、ケアマネジメントサービス終了後に、利用者に社会的な支援が必要な場合です。それは、次にどのような支援機関が支援してくれるのか、その支援機関はどのようなサービスを提供してくれるのか、そこでサポートを受けることで自分の生活にはどのような影響があるのかといったことです。

　このようなことを説明するためには、あらかじめ利用者に告知する時点で、ある程度の予備知識が求められます。あらかじめ引継ぎ機関に連絡をとっておくということではなく、この時点では、引継ぎが想定される機関の基本的な役割や機能が利用者や家族にわかるように説明できることが大切です。

Point 118　引継ぎ内容を整理する

　ケアマネジメントの終結に限らず、何らかの事情で支援機関が変更される場合、利用者や家族が最も気がかりなのは、「次の人にも自分をきちんと理解してもらえるだろうか」という不安です。言い換えると、これまで時間をかけて築いてきたケアマネジャーとの関係が振り出しに戻されることへの不安といえます。

　実のところ、引継ぎ機関の担当者の力量にも左右されますので完璧な引継ぎというものはあり得ないと考えるべきですが、少なくとも利用者や家族からどのように引き継いでほしいかを聞いておくことはできます。

　もちろん、利用者や家族から聞き取った引継ぎの希望内容は、引継ぎ内容の1つにすぎないことも押さえておきましょう。

　加えて、利用者や家族の了解のもとにサマリーを作成し、引き継ぐ機関に渡すことも有効です。特に、支援期間がとても長い場合は、引き継ぎ機関の担当者が膨大な記録や資料を前任者から受け取っても、読み込むために膨大な時間を要してしまいます。もちろん、記録を軽視するわけではありませんが、利用者や家族とのかかわりまでに時間の余裕がない場合、サマリーがあると引き継ぐ担当者はとても助かることでしょう。

Point 119　終結を事業所内で共有する

　繰り返しになりますが、ケアマネジメントの終結は「ケアマネジャーによる利用者および家族への支援の終了」であり、「利用者と事業者との間の契約の終了」です。そして、しばしば起こることの1つに、「いつまでも次の支援機関に引き継げず、利用者や家族からの相談が続く」ということがあります。

　「いくら正式に支援機関が変わったといっても、これまで長らく支援してきた人からの相談をむげに断るわけにはいかない」と考えるケアマネジャーもいるでしょう。しかし、ここで本当に考えるべきなのは、「以前と同じように自分が相談に乗ることが、真に利用者の福利につながるのか？」という点です。

　このような、「何となく相談を受けている関係性」を整理する意味合いでも、終結を迎えた時点でケアマネジャーは事業所の職員全体で支援の終了を共有しておきたいところです。このことは、事業所全体で利用者や家族への対応を統一することにもつながります。

Point 120　支援の全体を振り返る

　これも介護保険法や運営基準には定められていませんが、ケアマネジメントサービスを終結した際には、「ケアマネジャーとしての自分が、利用者や家族に対し、どのように役立ったか」を検証しましょう。

　その際、ただ単に「○○サービスが利用できるように調整した」とか「このケアプランで利用者の介護度が改善した」といった限定的なポイントのみを評価するのではなく、支援のプロセス全体を振り返ることが重要です。本書に掲載されている120のポイント（p.182）を参考にしていただくのも1つの方法です。

第7章

実践への活かし方

本書の内容である 120 のポイントを
セルフチェックシートとしてまとめたものを
使いながら、本書の活用方法について
解説します。そして、実践で活かすため、
職場内研修や地域研修会での活用等
について、具体的な提案をします。

33 実践への活かし方

　本章では、第1章〜第6章で解説してきた「120のチェックポイント」の活用方法について紹介します。p.182に120のポイントをセルフチェックできる「120のポイント　セルフチェックシート」を掲載しました。基本的には自己点検用としての活用を推奨しますが、応用編として、勉強会や研修会、スーパービジョンでの活用も十分に可能ですので、ぜひ使ってみてください。

（1）ケアマネジャーとセルフチェック
　はじめに、ケアマネジャーが自身を振り返り、セルフチェックする必要性について触れておきます。
　まず第1に、「私たちは対人援助専門職」です。皆さんは、そのことをどれくらい意識していますか？　私たちは、利用者と専門的援助関係を取り結び、それらを基盤として対人支援を行っていくエキスパートです。
　もう少し詳しく言うと、ケアマネジメントは、利用者・家族等と私たち（ケアマネジャー）援助職者間の相互交流において行われています。そこでつくられる関係は個人的な関係（例えば友人、知人）ではなく、専門的価値・倫理（権利擁護・利用者利益優先・自己決定・公平中立性・生命の保護・社会的責任・守秘義務・QOLの向上・積極的な情報開示など）に基づいた目的をもつ援助、すなわち専門的な援助関係を形成していくなかで、利用者の自立を目指して援助を行っていく必要があります。
　こうした、いわば私たちの中核ともいえる大事な意識について、折に触れて振り返り、定期的に確認する作業がセルフチェックなのです。

　第2に、私たちは、経験を積むことにより、ケアマネジメントプロセスにおける実践力を向上させていきますが、そのことをどのような手段で評価、確認していますか？　目に見えないものも多いケアマネジメントの実践について、誰がどのように評価してくれるのでしょうか？

　ケアマネジャーの仕事については、「ケアマネジメントプロセスにおいてどのようなことがどの程度できていれば一人前と言えるかについての基準や評価軸がなく不明確である」といった声や、「自分の仕事が、利用者の自立や QOL の向上、利用者の問題解決にどの程度役立ったのか確かめる機会がほとんどない」といった声が聞かれます。

　さらには、「利用者利益」と「顧客満足度」「費用対効果」という評価軸が相反する場合が多く、「実践結果」よりも「ケアマネジメントプロセス全体」が "記録" で評価されてしまう仕事だと考える人もいるでしょう。

　さまざまな判断軸があるため、振り回されてしまいがちですが、少なくとも自分の仕事（ケアマネジメント実践）が一人前のレベルと言えるかどうかについては、セルフチェックで振り返ることができるでしょう。

　以上のことから、ケアマネジャーが大切にすべき意識を振り返り、実践力の向上を確認する手段として、セルフチェックがとても有用なのです。

（2）経験学習サイクルを通して成長する

　セルフチェックの有効性を考えるうえで、もう一つ大切なことに触れておきます。対人援助専門職（ケアマネジャー）としての成長を考えたとき、経験学習サイクルが効果的だと考えます。経験学習サイクルとは、具体的経験→内省的観察→抽象化・概念化→能動的実験→具体的経験…というサイクルを通して、経験を通じて学んだ内容を次の経験に活かしていくことです（図表 7-1）。

　私たちは、日々の仕事に追われ、具体的な経験をどんどん積み上げていきますが、それだけでは対人援助専門職としてのスキルの向上にはつながりません。日々の実践を振り返り、その内容を詳しく観察し、それを一般化してほかの仕事に応用できるようにし、それを実践するという取り組みを通して、より大きな成長へとつなげていけるのです。

　ここでいう内省的観察に役立つのが、「120 のポイント　セルフチェックシート」です。以下、具体的な活用方法について述べていきます。

第1章 インテーク

第2章 アセスメント

第3章 ケアプラン

第4章 サービス担当者会議

第5章 モニタリング

第6章 終結

第7章 実践への活かし方

図表 7 - 1　経験学習サイクル

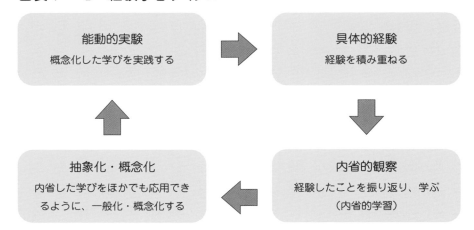

デイヴィッド・コルブ、ケイ・ピーターソン、中野眞由美訳『最強の経験学習』辰巳出版、2018 年を参考に作成

自己評価ツールとして

（1）定期的なセルフメンテナンス

　アセスメントやモニタリング訪問など、ケアマネジャーの実践現場は多忙です。もちろん事業所内でも、利用者やサービス事業者等からの電話相談、経過記録やケアプラン作成に日々追われ続けます。そうしているうちに、時に自分の実践が正しいのかどうかわからなくなることもあります。「何かが抜け落ちているんじゃないか…」と不安に感じつつも、その不安さえも日常の忙しさのなかで無理やり胸の内に押し込めてしまったりします。

　そういう時に、この「120 のポイント　セルフチェックシート」を使って、自身の実践の振り返り（内省）をする機会をつくってみましょう。振り返りは定期的に実施し、その結果を蓄積しながら比較していくことで、自分の実践の変化が確認しやすくなるでしょう。自己評価が改善できたところもあれば、相変わらず低いところもあるでしょう。そういう部分が見えてきたならば、そこがあなたの課題、要するに学びを深めなければならない部分と言えます。

（2）実践に不安を感じたときの指針として

　「今日の面接は信頼関係づくりの糸口になったかな…」「最低限必要な情報はちゃんと得られたかな…」「ケアプランは十分理解してもらえたかな…」ケアマネジャーは人相手の仕事です。いくら経験を積んでいても、時には利用者や家族の思いに巻き

図表 7 - 2　具体的な活用方法の例（基本編）

一人でできるお手軽業務点検

①定期的に使う（自動車に例えると"車検"）…「1年に1回」「半年に1回」という具合に、自分で振り返る時期を決めて使う。

②必要性を感じたときに使う（自動車に例えると"故障や事故による修理"）…自分自身が業務につまづいたとき、何らかの違和感をもったときに使う。

③自己学習教材として使う（自動車に例えると"発進前点検"）… 学習しようと思うことがあるとき、あったときに使う。

④応用的に使う…解答用紙をチェックするのみでなく、自分が具体的にどのような場面で、どのような方法で対応しているかを確認するときに使う。

込まれてしまい、冷静でいられなくなったり、戸惑うこともあるでしょう。そんなときは、ペースを乱されてしまい、プロセスがいくつか抜け落ちてしまうこともあります。また、サービス事業者にサービス内容の意図が伝わらないこともあるでしょう。経験の少ない新人ケアマネジャーならば、緊張の連続のなかでなおさらです。

このようなときには、記憶が新鮮なうちに、何ができて、何ができなかったのかをチェックすることが大切です。至急、電話で確認しなければならないことが見つかったり、次回の訪問で再確認しなければならないことが整理できたりします。また、ケアプランを作成した後にチェックして修正する、担当者会議を振り返って課題を整理するといったことも可能です。

さらに、実践がうまくいかなかったと感じたときだけでなく、反対にうまくいったときの要素を探ることで、うまくいったときとそうでないときに何が違ったのかの比較もできます。このように、実践の場のその時々のメンテナンスにも活用できます。

研修会やスーパービジョンでの応用

（1）職場や地域の研修会・学習会での活用

ケアマネジャーの仕事は、利用者、家族も含めたチームアプローチにおけるケアマネジメントです。利用者もその他のチームメンバーも固有の存在であり、力量はさまざまなうえ、常に入れ替わります。ケアマネジメントという実践の評価は、医療現場の「検査結果」のような画像や数値といった明確な評価軸はありません。

このような実践の特徴があるなかで、書籍や研修会で知識を積み上げていくことで今後の学びの目標が見えたとしても、スキルや支援の成果を、ほかのケアマネジャー

第1章 インテーク

第2章 アセスメント

第3章 ケアプラン

第4章 サービス担当者会議

第5章 モニタリング

第6章 終結

第7章 実践への活かし方

と比較して客観的に評価することは難しいのです。

　そこで、自分の力量をより客観的に測る方法が必要と考えました。たとえば本書を活用して、実践の自己評価をテーマとした研修会を企画します。参加者各々が自己評価をした後に、グループワークでお互いの評価結果を公開し、評価項目に対して「なぜこのような自己評価をしたのか」といった理由を比較することができれば、「なるほど。自分の評価軸と少し違うな…」といった気づきを得られ、自己評価を客観的、内省的に振り返ることができます。他者に指摘されるのではなく、お互いの自己評価を比較するなかで、さらに深まりをもって自分自身の課題に気づくので、課題を素直に受け入れることができるでしょう。自己評価とは、法的な運営基準が満たされているかどうかだけのケアプランチェックではなく、ケアマネジメント実践における、価値・知識・技術の再点検なのです。

　また、多数の参加者の自己評価データから、ケアマネジメントのプロセスごと、または項目ごとの傾向をデータ化することで、職場や地域のケアマネジャーたちが、ケアマネジメントプロセスのどこが苦手なのか、どの評価項目に「できていない」ことが多いのかといった苦手の傾向がわかるでしょう。その結果、地域や職場において、どのような研修会や学習会が求められるのかも見えてくるでしょう。

（2）スーパービジョンの材料として

　「120のポイント　セルフチェックシート」の結果から、ケアマネジメントプロセスのなかで、知識が不足しているところ、苦手意識があるところがわかってくるため、スーパービジョンを受ける前に使うことで、自分の課題を明確にすることができます。

　また、例えば研修会や事例検討会の"虎の巻"として、指導するときの事前チェックや資料作成に活用することもできます。また、スーパーバイズとまでいかなくても、相談を受けた際に、実践での同僚や部下の疑問や悩みに答えるときの再確認にも活用できます。ほかにも、ケアマネジメントプロセスに沿った組織内のマニュアル作成にも応用できます。

図表 7 - 3　具体的な活用方法の例（応用編）

職場や地域でのグループ学習や指導者（スーパーバイザー）とともに

①グループ学習で使う…自己評価を行ったうえで、再評価するきっかけとして使う（自己評価はあくまで主観的なものであるため、他者との共有において客観性をもたせることが可能になる）。

②スーパービジョン実施前に使う…スーパービジョン実施前にスーパーバイジーがセルフチェックシートによる振り返りを行い、自らの課題を明確にしておくために使う（事前に課題を明確にしておくことにより、スーパービジョンの効果を高めることができる）。

第1章　インテーク

第2章　アセスメント

第3章　ケアプラン

第4章　サービス担当者会議

第5章　モニタリング

第6章　終結

第7章　実践への活かし方

120 のポイント　セルフチェックシート

評価点：自己評価の欄に記入
1 ＝できている
2 ＝まあまあできている
3 ＝できている点もあればできていない点もある
4 ＝あまりできていない
5 ＝できていない

●インテーク

自己評価	Point	チェック項目
	1	スクリーニング機能を意識する
	2	相談者の不安と緊張を解消する
	3	ありのままを受け入れる姿勢を貫く
	4	相談者の思いを引き出す
	5	相談者がおかれている状況を正確に理解する
	6	相談者の困りごとを引き出す
	7	緊急度の評価を最優先する
	8	今後の方向性を相談者と相談員の双方が共通理解しておく
	9	受付から初回面接までは迅速に対応する
	10	受付で得た情報を相談受付票などに整理する
	11	介護保険制度の概要、ケアマネジャーの役割の説明をする
	12	初回面接の主訴、困りごとの明確化からアセスメントをスタートする

●アセスメント

自己評価	Point	チェック項目
	13	利用者の利益を優先する
	14	コミュニケーションが困難な利用者の権利を優先する
	15	自分の価値観の傾向を知る
	16	利用者の"思い"を想像する
	17	聴き取った"思い"を整理する
	18	利用者の"語り"から生活全体を見直す
	19	面接のなかでケアマネジャーの役割を理解してもらう
	20	今後の方向性を示す

	21	個人情報を関係者間で共有することについて同意を得る
	22	面接技術を習得する
	23	専門的援助関係づくりを心がける
	24	ステップ1　情報の収集・整理を行う
	25	ステップ2　情報の分析・統合からニーズの"見える化"をする
	26	ステップ3　目標を設定し、手立てを考える
	27	利用者からの情報収集の対象となるアセスメントの7つの領域を理解する
	28	利用者の感じるままに「困りごと（問題）」を語ってもらう
	29	困りごと（問題）の具体的特徴と日常生活への影響を把握する
	30	援助を受けようと思った理由を確認する
	31	命を守るための情報である【健康（疾患）】を把握する
	32	薬の作用・副作用と服薬アドヒアランスの把握をする
	33	生きるための土台である【体（心身機能・身体構造）】を把握する
	34	認知症の行動・心理症状（BPSD）を"語り"として理解する
	35	利用者の24時間（活動）を把握してニーズを導き出す
	36	ADL・IADL（活動・活動制限）は、人的・物的環境と関係づけて評価する
	37	ADL・IADL（活動・活動制限）はプロセスで評価する
	38	「活動」は「している活動（実行レベル）」「できる活動（能力レベル）」の視点で評価する
	39	「できる活動（能力レベル）」を「している活動（実行レベル）」へ高める
	40	「誰かと一緒に」「誰かのために」活動すれば【役割（参加）】になることを理解する
	41	【役割（参加）】は「している役割（実行レベル）」「できる役割（能力レベル）」の視点で評価する
	42	家族の二面性（社会資源と要援護者）を理解する
	43	家族固有の生活や考え方を理解する
	44	家族内の人間関係と介入による変化に配慮する
	45	個別の面接機会を設ける
	46	周囲の人の価値観（考え方）や態度を把握する
	47	近隣住民に対する感情を把握する
	48	問題にかかわる人や機関の影響を理解する
	49	居宅は「情報の宝庫」と考える

第1章　インテーク

第2章　アセスメント

第3章　ケアプラン

第4章　サービス担当者会議

第5章　モニタリング

第6章　終結

第7章　実践への活かし方

自己評価	Point	チェック項目
	50	福祉サービス導入（人的・物的環境の変化）のマイナス面を理解する
	51	すでに導入されている制度、今後、導入する必要がある制度を把握する
	52	利用者の生活史と「強さ」を理解する
	53	これまでの利用者の試みを把握する
	54	利用者のライフステージを意識する
	55	【個性・生活史】とは「性別、人種、年齢、生活様式、習慣、性格等と生活史」と理解する
	56	ニーズは「問題」と「課題」の両方の視点で導き出す
	57	ニーズは「見立て」と「手立て」の橋渡しと理解する
	58	潜在化しているニーズを顕在化する
	59	現状のニーズから見通し（推察）のニーズを導き出す
	60	障害で意向を示すことが困難な利用者はアドボカシー（代弁）によりニーズを導き出す
	61	ニーズを分析・統合する
	62	情報開示に対応した記録をつける
	63	オリジナルのアセスメントシートを作成する
	64	社会資源を開発する視点をもつ

●ケアプラン

自己評価	Point	チェック項目
	65	アセスメントで導き出された「ニーズ」と「目標」「手立て」を言語化した「ケアプラン」をつくる
	66	「アセスメントシート」で収集した情報を整理し言語化する
	67	"望む暮らし"を表現している代表的な"語り"を模索し、できるだけそのままを記載する
	68	利用者や家族の不利益になるような要望はケアマネジャーの専門職ニーズで修正する
	69	"語り"を失っている利用者は、日々の表情の観察や生活史から人となりを知る
	70	利用者および家族の意向を踏まえた"望む暮らし"と援助の方針を記載する
	71	個別ニーズの羅列はしない
	72	ケアマネジャーの"思い"を伝える
	73	利用者、家族の承認の場として活用する

自己評価	Point	チェック項目
	74	緊急連絡先と広域災害時避難場所を記載する
	75	「利用者・家族の意向」「総合的な援助の方針」「第2表のニーズ」の整合性を意識する
	76	ニーズは、利用者、家族にもわかりやすい表現にする
	77	利用者が主体的・意欲的に取り組める表現でニーズを記載する
	78	ニーズの表現は「〇〇したい（〇〇する）」や「〇〇で困っている」など柔軟に変更する
	79	安易に「〇〇したい」と記載するのではなく、その背景にあるさまざまな要因や事情などを踏まえる
	80	ニーズは利用者の尊厳が守られた表現にする
	81	ニーズの表現は、「"語り"で表現」しても「目標志向型表現」のどちらで表現してもよい
	82	専門用語や権威的表現を安易に多用しない
	83	ニーズは誰の目から見てもわかる（客観視できる）ように、具体的に表現する
	84	専門領域による「見立て」の違いに注意する
	85	第2表は根拠をもってニーズの優先順位を考える
	86	「利用者の目標」であること＝主体性（自己決定）を尊重する
	87	「達成可能」であること＝達成できる目標を設定する
	88	「具体的で客観視できる」＝モニタリングにおいて客観的な評価ができる
	89	「サービスは「目標」ではなく「手段」＝「目標」にサービスを記載しない
	90	「サービス内容」は利用者、家族にわかりやすく記載する
	91	利用者の理解力や状態像に合わせて文章表現や量を変える
	92	「サービス内容」は「誰が、いつ、どこで、何を、どのように」を明確にする
	93	利用者、家族を位置づける
	94	サービス内容は「時間の流れ」で整理する

●サービス担当者会議

自己評価	Point	チェック項目
	95	利用者の利益を最優先して候補の事業者を選定する
	96	できるだけ参加者の多くが集まる日時を調整する
	97	不参加事業所および協力者から意見聴取を行う

自己評価	Point	チェック項目
	98	ニーズと目標、役割分担をチームで共通理解する
	99	議事進行の効率化をはかる
	100	ケアプランが目指すものを参加者が共通理解する
	101	モニタリングのポイントを整理し共有する
	102	困難ケースでは、地域包括支援センターや専門機関に参加してもらう
	103	合意したケアプランは速やかに担当者に交付する
	104	個人情報を適切に取り扱う

●モニタリング

自己評価	Point	チェック項目
	105	モニタリングの目的を利用者に説明する
	106	利用者の暮らしぶり全体を見る
	107	変化した生活状況を見る
	108	目標の達成度を確認する
	109	社会資源活用の効果を確認する
	110	チームアプローチを活かしたモニタリングを実施する
	111	利用者個別の状況を踏まえてモニタリングの機会を設ける
	112	自宅以外でのモニタリングの機会をつくる
	113	新たなニーズが生じていないか分析する
	114	アドボカシーに基づいたモニタリングを実施する
	115	適切なモニタリング記録をつける

●終結

自己評価	Point	チェック項目
	116	終結が想定される場合、あらかじめ利用者に告知する
	117	利用者に終結後の進路を示す
	118	引継ぎ内容を整理する
	119	終結を事業所内で共有する
	120	支援の全体を振り返る

日本介護支援専門員協会
平成 19 年 3 月 25 日採択

介護支援専門員　倫理綱領
前　文

　私たち介護支援専門員は、介護保険法に基づいて、利用者の自立した日常生活を支援する専門職です。よって、私たち介護支援専門員は、その知識・技能と倫理性の向上が、利用者はもちろん社会全体の利益に密接に関連していることを認識し、本倫理綱領を制定し、これを遵守することを誓約します。

条　文

（自立支援）

1．私たち介護支援専門員は、個人の尊厳の保持を旨とし、利用者の基本的人権を擁護し、その有する能力に応じ、自立した日常生活を営むことができるよう、利用者本位の立場から支援していきます。

（利用者の権利擁護）

2．私たち介護支援専門員は、常に最善の方法を用いて、利用者の利益と権利を擁護していきます。

（専門的知識と技術の向上）

3．私たち介護支援専門員は、常に専門的知識・技術の向上に努めることにより、介護支援サービスの質を高め、自己の提供した介護支援サービスについて、常に専門職としての責任を負います。また、他の介護支援専門員やその他専門職と知識や経験の交流を行い、支援方法の改善と専門性の向上を図ります。

（公正・中立な立場の堅持）

4．私たち介護支援専門員は、利用者の利益を最優先に活動を行い、所属する事業所・施設の利益に偏ることなく、公正・中立な立場を堅持します。

（社会的信頼の確立）

5．私たち介護支援専門員は、提供する介護支援サービスが、利用者の生活に

深い関わりを持つものであることに鑑み、その果たす重要な役割を自覚し、常に社会の信頼を得られるよう努力します。

（秘密保持）

6．私たち介護支援専門員は、正当な理由なしに、その業務に関し知り得た利用者や関係者の秘密を漏らさぬことを厳守します。

（法令遵守）

7．私たち介護支援専門員は、介護保険法及び関係諸法令・通知を遵守します。

（説明責任）

8．私たち介護支援専門員は、専門職として、介護保険制度の動向及び自己の作成した介護支援計画に基づいて提供された保健・医療・福祉のサービスについて、利用者に適切な方法・わかりやすい表現を用いて、説明する責任を負います。

（苦情への対応）

9．私たち介護支援専門員は、利用者や関係者の意見・要望そして苦情を真摯に受け止め、適切かつ迅速にその再発防止及び改善を行います。

（他の専門職との連携）

10．私たち介護支援専門員は、介護支援サービスを提供するにあたり、利用者の意向を尊重し、保健医療サービス及び福祉サービスその他関連するサービスとの有機的な連携を図るよう創意工夫を行い、当該介護支援サービスを総合的に提供します。

（地域包括ケアの推進）

11．私たち介護支援専門員は、利用者が地域社会の一員として地域での暮らしができるよう支援し、利用者の生活課題が地域において解決できるよう、他の専門職及び地域住民との協働を行い、よって地域包括ケアを推進します。

（より良い社会づくりへの貢献）

12．私たち介護支援専門員は、介護保険制度の要として、介護支援サービスの質を高めるための推進に尽力し、より良い社会づくりに貢献します。

①何が利用者の問題なのか？（問題の特徴：利用者が述べたことばで記述のこと）

援助職者は、まず利用者が自分のことばで語る問題に耳を傾けなければなりません。利用者自身が何を問題としているかが重要です。援助職者がアセスメント面接を行なう際には、必ず「本人は何でいちばん困っているのか」を本人自身の口から聞かせてもらわなければなりません。

②問題の具体的な説明

a　問題はいつ始まったか
b　問題はどれくらいの期間続いているか
c　問題の起こる頻度はどれくらいか
d　問題が起こるときはいつで場所はどこか

③この問題に関する利用者の考え、感情および行動は何か？

利用者が問題についてどのように「考え」「感じ」どう「行動」しているかということをきちんと聞かないでアセスメントを終えてはいけません。サービスは、利用者のニーズや家族のニーズを理解することなく提供はできません。利用者や家族が問題をどうとらえているのかを理解することなく始めた援助は、援助職者が「よかれ」と思うことをしているだけになります。

④この問題はどのような発達段階や人生周期に起こっているのか？（例：児童期、青年期、老年期など）

この項目は利用者自身に尋ねるものではありません。援助職者が利用者の年齢や現在おかれている状況から判断していけます。利用者の抱えている問題が、個人または家族の発達段階や人生周期から、予測可能なものか、まれにしか起こり得ないものかを見極めるのに有効な手がかりとなります。

⑤この問題は利用者が日常生活を営むのにどれほど障害になっているのか？

「○○のために、毎日の生活でどんな支障がありますか？」などの質問によって、ある問題が利用者やその家族におよぼす影響が理解できます。面接者が勝手に問題の日常生活障害度を判断してはなりません。必ず利用者に教えてもらいましょう。

⑥この問題を解決するために利用者が使える人的・物質的資源

問題解決が可能かどうかは、個人がもつ人的あるいは物的な資源によって変化していきます。これらの資源は、利用者の変化に関与していきます。単に家族が存在することが「介護力の存在」にはなりません。

⑦この問題解決のためにどのような解決方法あるいは計画がすでに考えられたり、とられたりしたか？

「今まで、どんなふうにして○○を解決しようとしてこられましたか？」などの質問を投げかけます。もし、伝えづらければ、利用者の問題を理解したうえで、その内容を織り込みながら質問をしていきます。なにか自分なりにこの窮地を抜け出せる方法をもっていたならば、「この利用者の持つ強さ、力」として援助計画の組み立ての際に考慮します。
ただし、ある人がいつも同じ対処力を発揮できるとは限りません。人には対処力の限界もあります。それは、心身状況の変化やストレスの量の変化に影響されます。

⑧なぜ利用者は援助を受けようと思ったのか？　進んで援助を受けようと思っているのか？

「○○さんご自身が、私どものところで相談しようと思われたのですか」「どなたかが、うちを紹介してくださったのですか」「ここ（機関名など）で相談しようと思われたのは、どのような理由からですか？」などという聞きかたで、利用者の援助に対する姿勢が理解できます。利用者自らが進んで援助を受けようとしているのか、いやいや支援者のところにやってきたのかなどによって、問題解決に対する動機づけの困難性が異なります。

⑨問題が起こるのに関係した人や出来事、それらの人間や出来事は問題をより悪くしているか、あるいはよくしているか？（現在抱えている問題以外のストレッサーの存在）

「○○が起こるのにかかわっている人がいるだろうか？」「○○が起こるのに関係した出来事があるのだろうか？」ということを考えながらアセスメント面接を進めることは重要です。項目⑦と密接な関係があります。
利用者や家族のストレス量の変化に関連する人物や出来事を把握することは重要です。

⑩利用者のどのようなニーズや欲求が満たされないためにこの問題が起こっているのか？

同じように見える出来事にあっても、それを「問題」としてとらえる場合と、そうでない場合とがあります。援助職者が注目すべきことは、「起きた出来事」が個々人にとってどのような意味をもっていたかということです。
ニードや欲求が理解しにくいときや、利用者が寡黙な人であったりした場合は、「もしあなたが自由に状況を変える力をもっていたら、何をどんなふうに変えたいですか？」という質問が話の糸口になることもあります。

⑪だれが、どんなシステムがこの問題に関与しているか？

問題にかかわっている人やシステムについての情報に関する項目です。どんなシステムが利用者にかかわっているのかを視覚的にとらえるひとつの方法としてエコマップがあります。利用者にとってシステムがどのような働きをしているかを知ることで、今後さらに必要になる資源や現在機能していない資源を理解することができます。

⑫利用者のもつ技術、長所、強さは何か？（利用者のもつ資源）

援助職者は面接から間接的あるいは直接的に利用者のもつ強さを知ることができます。対人関係形成力や問題対処能力は、援助職者やその他の機関の人とのやりとりのなかでも観察できます。
経済的資源、人的資源、教育、仕事、技能などにおける資源をもっているかどうかは、適切な時期を選んで利用者から聞くことができます。また、エコマップの作成の過程でも知り得ます。さらには、面接を通して知り得た利用者の強さや長所を指摘し、利用者自身に自らのプラス面を認識してもらうこともできます。
援助職者の陥りがちな過ちとして、利用者を「問題のある人」としてみなし、力をもっている、能力があるということを忘れることがあります。利用者のもつ力を最大限に生かしていくことが、最もよい援助です。

⑬どのような外部の資源を必要としているか？

先入観をもつことなく利用者の抱える問題の種類、利用者のもつ資源を考慮に入れ、今欠けている外部の資源は何かを見つけ出す作業を行ないます。項目⑪と連動しています。援助職者は少なくとも外部の資源を十分に理解して、アセスメント時にもそれらの資源を頭のなかで思い浮かべながら、より適切な情報を利用者から得ていくことが大切です。
注意すべきは、アセスメント変じて「資源の説明会」に終始しないことです。

⑭利用者の問題に関する医療・健康・精神衛生などの情報

（高齢者の場合はとくに、利用者の ADL と、実際に何ができるのか？　何ができるようになる可能性があるのか？認知・感情障害や問題行動の有無と状態、医療に関する情報と利用者の住環境などに焦点をあてる）
利用者の主要な問題が医療、健康、精神医療の領域と深くかかわっているときには、これらのより詳細なデーターが必要となります。
利用者が高齢者の場合は、日常生活機能などのアセスメント項目が活用しやすい既存のアセスメントツールを使用します。
留意すべきは、現在の ADL とともに、「実際に何ができているか」「将来、何らかの工夫で新しく何ができるようになる可能性があるか」をチェックし、情報が利用者理解と援助計画作成に実際に有効なものにすることです。

⑮利用者の生育歴（成長過程で起こった特記すべき事項や家族・近親者との関係も含む）

アセスメントにおいて生育歴を理解することは、利用者の現在の問題が過去の出来事に関連しているかどうかを判断する資料となります。
利用者が、今まで他者への信頼関係形成の基礎となり得るような関係を、家族や友人とつくりあげてきたかを知ることで、今後さまざまな人とどのような関係を築いていけるかの予測ができます。この予測は、利用者にとってどのような援助方法が可能か、あるいは最適かを知る手がかりとなります。
利用者の「個別性」の理解は、現在のみではなく過去の利用者の生き方をもわかっておかなければなりません。

⑯利用者の価値観、人生のゴール、思考パターン

私たちの人生で絶対にこれだけはゆずれないというものがあります。人はそれぞれ同じ問題にぶつかった際にもその問題をどのようにして切り抜けていきたいかが異なります。その違いを作り出すものに個人個人がもつ価値観、人生のゴール、思考のパターンなどがあります。
アセスメント面接でニーズを明らかにすることがゴールですが、このニーズに深くかかわっているのが利用者の生きかたを左右する価値観であったり、人生のゴールであったりします。多くの面接で、この重要性が見逃されています。
利用者の信条を無視した援助では利用者は満足しないでしょう。
たとえ、利用者の希望が保証されない場合で支援者側の考えで援助を進める結果となったとしても、利用者の希望することを知り、その可能性を探ったあとにのみ出せる結論であるべきです。

渡部律子『高齢者援助における相談面接の理論と実際　第 2 版』医歯薬出版、2011 年、pp.63〜69 をもとに要約・加筆して作成

注）原典で述べられているように、この 16 項目はこれらの項目を一つひとつ尋ねていくことを目的にしていません。利用者のアセスメントにはこのようなことの理解が大切であるということをご理解いただくためのものであることを忘れないでください（渡部律子）。

●執筆者一覧

監　修
一般社団法人兵庫県介護支援専門員協会

編著者
中野　　穣　　社会福祉法人関寿会業務執行理事

鶴本　和香　　社会福祉法人丸平磯あんしんすこやかセンター（地域包括支援センター）運営管理者

著　者
針山　大輔　　社会福祉法人芦屋市社会福祉協議会地域福祉係主査

前川　嘉彦　　社会福祉法人三翠会理事・統括施設長

山内　賢治　　社会福祉法人神戸福生会業務執行理事

一般社団法人兵庫県介護支援専門員協会とは

　兵庫県下の介護支援専門員が相互に連携し、研修等の活動を通じて専門性の向上に努めるとともに、社会的地位を確立し、公正・中立な立場で介護支援業務を遂行するなかで社会への提言を行い、もって県民の保健、医療、福祉の向上に寄与することを目的として活動しています。

　会員数は 2500 名を超え、県下を 7 つのエリアに分け各市（広域を含む）単位に 24 の支部組織があり、それぞれ独自にあるいは連携しながら活動しています。

事務局：〒 651-0062　神戸市中央区坂口通 2-1-1　兵庫県福祉センター5 階

TEL：078-221-4102 / FAX：078-221-4122

URL：http://www.hyogo-caremanet.com/

セルフチェックで身につく
ケアマネ実務120のポイント

2023 年 7 月 25 日　発行

監　修　　一般社団法人兵庫県介護支援専門員協会
編　著　　中野　穣・鶴本和香
発行者　　荘村明彦
発行所　　中央法規出版株式会社
　　　　　〒 110-0016
　　　　　東京都台東区台東 3-29-1 中央法規ビル
　　　　　TEL　03-6387-3196
　　　　　https://www.chuohoki.co.jp/

装幀デザイン　　松田喬史（Isshiki）
装幀イラスト　　ふるやますみ
本文デザイン　　杉本千夏（Isshiki）
本文イラスト　　藤田侑巳
印刷・製本　　　サンメッセ株式会社

ISBN 978-4-8058-8911-4